城乡作为媒介 第 1 辑 2023

城乡传播

URBAN- RURAL COMMUNICATION

主　编　李麟学　李凌燕
副主编　张昱辰　丁凡

同济大学出版社
TONGJI UNIVERSITY PRESS
·上海·

编委会

编委会主任
伍　江（同济大学建筑与城市规划学院教授）
黄　旦（浙江大学文科资深教授）
西格弗里德·齐林斯基（同济大学兼职教授、国际知名媒介研究学者）

编委会副主任
李麟学（同济大学艺术与传媒学院、建筑与城市规划学院教授）
孙　玮（复旦大学新闻学院教授）
陆　晔（复旦大学新闻学院教授）
支文军（同济大学建筑与城市规划学院教授）

编委（按照拼音首字母排序）
陈　霖（苏州大学传媒学院教授）
戴　春（《时代建筑》杂志责任编辑、LeTalwork勒拓论坛创办人）
丁　凡（同济大学艺术与传媒学院助理教授）
范　红（清华大学新闻与传播学院教授）
何春晖（浙江大学传媒与国际文化学院副教授）
蒋原伦（同济大学艺术与传媒学院教授）
李　晖（上海风语筑文化科技股份有限公司董事长）
李凌燕（同济大学艺术与传媒学院副教授）
潘　霁（复旦大学新闻学院教授）
王　凯（同济大学建筑与城市规划学院副教授）
王　荔（同济大学艺术与传媒学院教授）
王　鑫（同济大学艺术与传媒学院教授）
文春英（中国传媒大学外国语言文化学院教授）
袁　艳（华中科技大学新闻与信息传播学院教授）
张昱辰（同济大学艺术与传媒学院副教授）

目 录

1 **学术前沿**

3 —— 材料学和变体学，危机和激进动荡时期媒体和艺术的思维原则
    西格弗里德·齐林斯基　吴止境　译　李麟学　丁　凡　校

19 **主题文章**

21 —— 城乡传播何为　　　　　　　　　　　　　　　　李麟学　李凌燕

34 —— "建构"媒介城市
    ——一种作为关系隐喻的城市观　　　　　　杨浩晨　潘　霁

52 —— 在地的流行：从曹县汉服看青年流行文化对县城地方性的建构
                 李玉婷　袁　艳

66 —— 国际社交媒体中国城市传播内容趋同及其媒介逻辑
    ——基于BERT模型的Twitter样本分析　　　徐　翔　余珺君

86 —— 中国式现代化发展中的城市更新　　　　　　　　　　　　王　荔

99 —— 沉浸式传播视角下游客的地方感知
    ——基于武汉"知音号"的扎根研究　　　　　徐皞亮　黄　骏

118 —— 建筑作品传播方式及策略研究　　　　　　　　戴　春　谭雅秋

135 **推荐书单**　　　栏目主持：张昱辰　本期供稿：王一丁　陈佳莹

143 **实践动态**

151 **课程作业**　　　　　　　　　　　　　　　　　　专栏供稿：罗海奕

学术前沿

材料学和变体学，危机和激进动荡时期媒体和艺术的思维原则[*]

西格弗里德·齐林斯基[1]

吴止境[2] 译

李麟学[3] 丁 凡[4] 校

同济大学2023年媒介文化论坛的各位同仁和同学们，大家好！我要特别感谢李麟学教授一直以来对我们合作的信任。今天，我将谈谈我的媒体研究理论和实践中的两个关键词：材料学和变体学，危机和激进动荡时期媒体和艺术的思维原则。

无论我们把目光投向当今世界的哪个角落，都会发现我们星球上的许多人正面临着巨大的，甚至是关乎生死存亡的挑战。巨大的动荡和危机在全球关系网络中相互关联。这也要求负责传播以及文化和技术工具的学科进行反思。我们既要对自己学术领域的历史进行反思，也要对未来进行反思。

我们需要什么样的媒体思维？特别是如果我们不想放弃对传媒专业的自信，即我们仍然可以改变我们所生活的世界，尝试造福社会，也是造福我们自己。目前，我正在面对这种试图将两种认知兴趣辩证

---

[*] 本文根据西格弗里德·齐林斯基在"新趋势·新目标·新使命：技术迭代背景下的媒介文化研究"学术论坛暨2023年中国高校影视学会媒介文化专业委员会年会上的发言翻译而成。感谢丁凡老师主持的同济大学高端外国专家项目"媒介理论介入下的新闻传播学科建制与改革路径研究"对于该演讲的资助。

[1] 西格弗里德·齐林斯基（Siegfried Zielinski）：同济大学兼职教授、瑞士欧洲研究院米歇尔·福柯讲席教授（媒体考古学和技术文化专题）、德国柏林艺术大学荣休教授（媒体考古与变体学研究）、布达佩斯艺术大学荣誉博士和教授、德国卡尔斯鲁厄艺术与媒体中心（Center for Art and Media Karlsruhe，ZKM）兼职策展人。

[2] 吴止境：同济大学艺术与传媒学院硕士研究生。

[3] 李麟学：同济大学长聘教授、艺术与传媒学院院长、建筑与城市规划学院博士生导师。

[4] 丁凡：同济大学艺术与传媒学院学术发展部副主任、助理教授、硕士生导师。

地结合起来的挑战。我将能够应对现在和未来的媒体思维的原则问题与对我自己在过去50年中作为媒体研究者所做的思想工作的批判性审视结合起来。我正在研究一套13项认识论原则，所有这些原则对我们批判性的、诠释性的工作方法也有显著的影响。我以非常简短的形式向你们介绍这一套原则，然后再重点阐释其中两点。

首先是13项认识论原则。

（1）超越既定学科的研究和教学。我主张以自由的方式进行思考，不设任何障碍。横向思维对我来说是一个重要的词，横向思维能够跨越现有学科。我会再谈这个问题。不过矛盾的是，我们发明了一个独立的研究领域，它本身不是学科性的，却与媒介研究学科形成对立。

（2）"偏移"的第一个关键词，材料学。这是唯物主义的应用。早在2002年的媒介考古学研究中，我就将古希腊的原子论者视为早期的唯物主义者和我的材料分析的主要对象。在中国，传统炼金术可以视为一种类似的认识论模式。

（3）世界主义、世界性。知识从来不仅仅是地方性的或者国家性的。传播也是如此。我强烈主张"世界关系的诗学"——这是爱德华·格利桑（Édouard Glissant）的一个术语——而不是全球化，因为全球化是以晚期资本主义世界市场为导向的单向度概念。

（4）海洋思维与领土思维。我们迫切需要从大陆思维到海洋思维的范式转变。这相当于思维的非地域化，倡导一种开放的行动，在这种行动中，两种不同文化技术的知识占据了突出的重要地位：导航和感受风向的能力。了解风向生死攸关，不仅仅只针对建筑师而言如此。

（5）变体学、变体、多样性、可变性……这些都是媒体形式和概念，是欧洲先锋艺术实践中现代主义毁灭姿态的替代品。我们要学会变化，也要学会修补，而不是不断地发明新东西，因为发明新东西的前提通常是毁掉旧东西。我们的逻辑应该是多元而生动的。

（6）古未来主义。这是媒体研究中纵向和横向辩证关系的一个概念。这种可能性空间的过去和未来的时间箭头的对立以及它们之间的紧张关系是古未来主义的主题。这是关于启蒙的诗歌，是非延伸的一个碰撞点，也是未来的惊喜创造器。其中包含一种预期姿态。在德语中我会说成"vorausschauende Rücksichtnahme",即预期性思考。它涉及媒介研究中的生态思维以及媒介研究必须保留梦想未来的特权。

（7）界面。讲述的是机器变为人类,以及人类与机器之间差异的戏剧化。在机器变成人类之前,人类已经变成了机器。我们仍处在这个转变中。

（8）无条件的对话。是所有交流的精髓,而不是无尽的独白。我提议改变传统的主体概念,从无条件的"我"到无条件的"我们",再到有条件的"你"和"我们"。无条件对话是实现这一点的先决条件。同时这也是一个非常困难的问题。

（9）扩展的诠释学。这要求将技术和自然对象系统地纳入诠释学。

（10）"偏移"的第二部分。我稍后会解释这个希腊术语。回到"材料学"。其与事物的相对自主性、天地之间发生的一切相关,关键词是自由存在、互动、氛围。

（11）精确与诗意。这是我最喜欢的一点。这是关于数学思维、数学实践与想象力的辩证关系。

（12）地球性和宇宙观。地球将只属于那些从宇宙汲取力量生存的人,这句话来自著名哲学家瓦尔特·本雅明（Walter Benjamin）。当然,进入太空可以丰富我们在地球上的生活。但为了生存,我们亟须向地球投入更多、更深入。马斯克所提出的人类殖民太空仅仅只是不谙世事的亿万富翁的理念。

（13）前人工智能和混合现实。这是一项挑战,但绝不意味着任何文化在现在或未来的衰落。

现在,我将简要介绍其中两个基本要点。

首先,超越学科。我大力提倡横向思维的概念,因为只有横向思维才能正确地面对现实和想象的复杂性。法国文化哲学家罗杰·凯卢瓦（Roger Caillois）在1958年写了一本关于游戏的伟大著作［《游戏与人》（*Les jeux et les hommes*）］。在其中他写到,科学的极端差异化常常让人感到遗憾。和他一样,我呼吁像媒介研究这样的对角线知识生成器。现在,将不可估量的外围地区的众多前哨站连接起来的时刻已来,在这种情况下每个人最终都会像盲目而痴迷的鼹鼠一样只挖掘属于自己的领地。

米歇尔·福柯（Michel Foucault）提出了另一个横向思维的概念，在认识论上可与凯卢瓦的概念相媲美。方法论上的"元"，这一我从自身媒介思维中所提出的概念与福柯的诠释学理念相近。批判性媒介思维是一种交叉发展的思维方式，它跨越了各种各样的知识领域，仿佛身处一个想象的棱镜中，在一个既虚幻又真实的网络中相互交流。这种媒介思维的目的是发展多元知识和多视角的可操作性，借助这种可操作性可以深入探索各种艺术、科学和技术媒介之间令人兴奋的关系。

除了让·科居耶姆（Jean-Georges Canguilhem）、巴塔耶（Bataille）、克劳德·列维-施特劳斯（Claude Lévi-Strauss）、路易·阿尔都塞（Louis Althusser）、米歇尔·福柯、吉勒·德勒兹（Gilles Deleuze）、让-雅克·德里达（Jean-Jacques Derrida）等法国思想大师，我还从威廉·弗卢塞尔（Vilém Flusser）（图1），一位来自布拉格的勇敢的自学成才的知识分子那里学习了如何将历史唯物主义教育与秩序和结构的观念相结合。这种观念可以被视为不断创造惊喜的相遇和联结的结果，而不是主要依照逻辑理性和推导得出理性原则的结果。

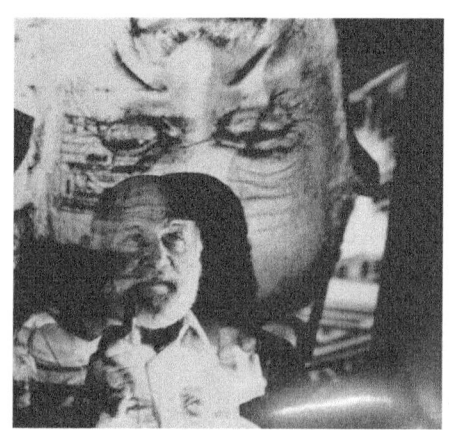

图1　威廉·弗卢塞尔（照片由 Ed Sommer 拍摄）

图片来源：*FLUSSERIANA - An Intellectual Toolbox*, ed. by S. Zielinski, Peter Weibel, Daniel Irrgang (Minnesota University Press 2015)

从瓦尔特·本雅明和贝托尔特·布莱希特（Bertolt Brecht）到雷蒙·威廉斯（Raymond Williams）或朱莉娅·克里斯蒂娃（Julia Kristeva），20世纪最发人深省的、最具思想攻击性的批评家和理论家们，在他们自己的语境内，无论在过去还是现在都没有，也不会提出任何制度化的主题。他们将媒体话语定义为在古典艺术表达形式和技术再现手段之间，是在绘画、摄影、电影、建筑、音乐、表演和新的网络语言模型这样的前人工智能之间来回转换的实践，以及哲学与技术史、社会学与美学批判、计算机科学、精神分析与意识形态批判之间的实践。仅从其中一个分析角度来看，媒介就只能被视为管理的工具而失去了生动的特征。

  作为一名流亡哲学家，汉娜·阿伦特（Hannah Arendt）宣称自己的思想是"没有限制的思考"。我的"自由主义"思想也赞成她的观点，即我们的智力活动不应受到严格的学术秩序的约束，而应自由地接触极具价值的学术材料。这并不是对随意选择理论和方法的许可，相反，主题的深度及其特殊的时间维度更加要求"诗意"和"精确"。

  其次，我将材料学的概念和对扩展诠释学的方法论要求简单地结合在了一起。凭借《易经》和由其派生出来的五行理论，深邃的中华文明拥有了紧凑的思想史，得以用普遍的诠释学来理解和描述不断变化的世界。正如我们所知，《易经》甚至包含了二进制代码作为分析工具的思想，而莱布尼兹（Leibniz）在17世纪开发出现代最早的计算器时就已经明白了这一点。与此同时，欧洲的现代性教导我们要严格区分物质与知识或精神的异质现实。即使艾萨克·牛顿（Isaac Newton）等一些最杰出的代表人物自己也乐于翻阅魔术师和炼金术士的论文和实验室资料。

  让我们不要重蹈覆辙，将只能一起思考的东西割裂开来。让我们用一种新的诠释学（我称之为延伸的材料学）与介于可计算的数字系统（如ChatGPT）和现实的神经敏感物质之间的新现实相遇。它明确地将技术和自然事物作为人文研究的主题。1961年法国艺术家让·杜布菲（Jean Dubuffet）将他早期的一系列作品称为"材料学"，指的是天地之间相互作用的各种信息（图2）。这是一个强有力的术语，可以用来描述一种艺术的诗意姿态，它知道如何向物质完全敞开自己并在自己的主观世界中认识到自己，将其异质性相互联系起来。

  对法国哲学家路易·阿尔都塞的研究对我的知识社会化具有重要意义。他的思想与20世纪六七十年代西欧盛行的马克思主义救世学说的知识分子思想

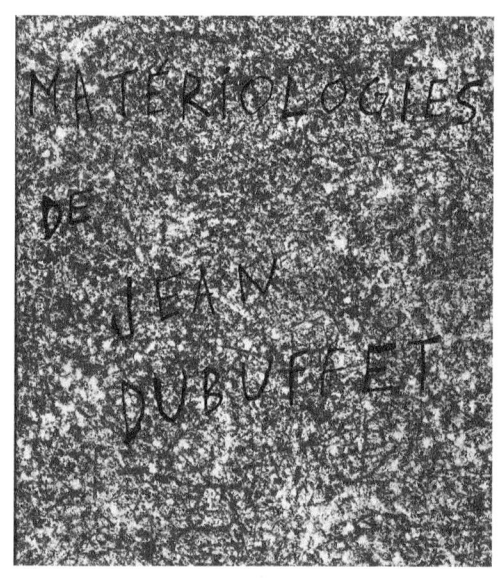 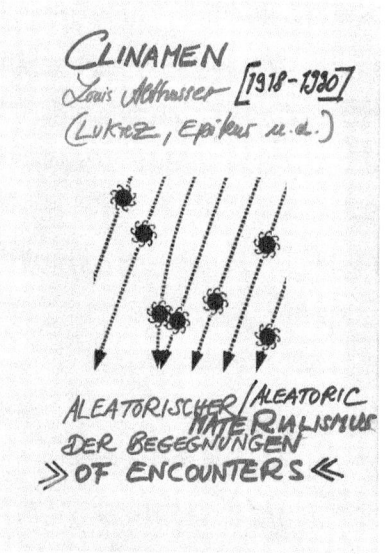

图2　材料学：天地间相互作用的信息　　　　图3　阿尔都塞：物质主义的偶然性
图片来源：Jean Dubuffet (1961)　　　　　　　　图片来源：Archive Zielinski

截然相反。他无所畏惧，不拘一格。物质主义的偶然性是理解阿尔都塞思想宇宙的一把钥匙（图3）。在《相遇的物质主义潜流》一文中，他借用公元前1世纪罗马共和国原子论者卢克莱修（Lucretius）的独特哲学诗句解释了一个特别有趣的范畴。偏移是最小的无限偏差，人们不知道它发生在何时何地，也不知道它是如何发生的。卢克莱修在其关于自然的伟大诗篇中，以雨滴平行下落为例描述了偏移，其中一个雨滴突然冲出了垂直轨道。用原子论者的语言来说，原子偏离垂直方向坠入虚空，与邻近的原子相遇，从一个相遇到下一个相遇，而在连锁反应中的第一次相遇导致了一个世界的出现。这也体现在一件1968年4月的艺术品《偏差》（图4）以及伊斯坦布尔艺术家塞尔丘克·阿图特（Selcuk Artut）2019年的作品《习惯失调》中（图5）。当然，我与罗马共和国原子论者和阿尔都塞一样，深信每一个具有现实意义的世界的起源都源自偏移。顺便说一句，这也是卡尔·马克思（Karl Marx）的博士论文的研究对象。

偏移也是我们所说的技术科学创造性的基本先决条件。在1984年对录像机进行的早期媒体考古研究中，我以所谓的记录电子图像信号的四重工艺的发明为例，从技术角度阐明了这一点。我发现所有使用固定磁头和磁带进行纵向

图4 《偏差》(1968)
图片来源：Image Worlds of Knowledge 2005

图5 《习惯失调》(2019)
Source: Artist Selcuk Artut (lstanbul)

记录的尝试都注定会失败，因为它们产生的磁带数量太大。你可以从1958年英国广播公司的视觉电子仪器这个机器怪物的图片中看到这一点（图6）。这意味着它们在经济和技术方面都不合理。Ampex公司[1]的工程师们巧妙地偏离了这一规则，他们想出了一个根本的办法，那就是在四倍镜头上以完全相等的间隔将四个磁头安装在一个圆盘上，并让这个圆盘以与磁带轨迹成直角的角度高速旋转（图7）。时空技术经济成为早期专业视频录制的模式要求，意味着录制必须以极高的数据传输速率运行。在这方面，偏离规则甚至是媒介技术事实体系在世界市场中取得成功的先决条件。

在最后的思考中，我提到了生理学家弗朗索瓦·达戈尼特（François Dagognet）。物质世界是巨大的，最终比心灵本身更能揭示心灵。要想搞清楚

---

1 Ampex是一家美国的存储设备制造商，它成立于1944年。这家公司成立之初曾为通用电气生产电动机和雷达配件，第二次世界大战结束后逐渐转向磁带存储设备，是这一行业的重要先驱之一。曾开发出美国第一款实用的录音磁带、录像磁带。

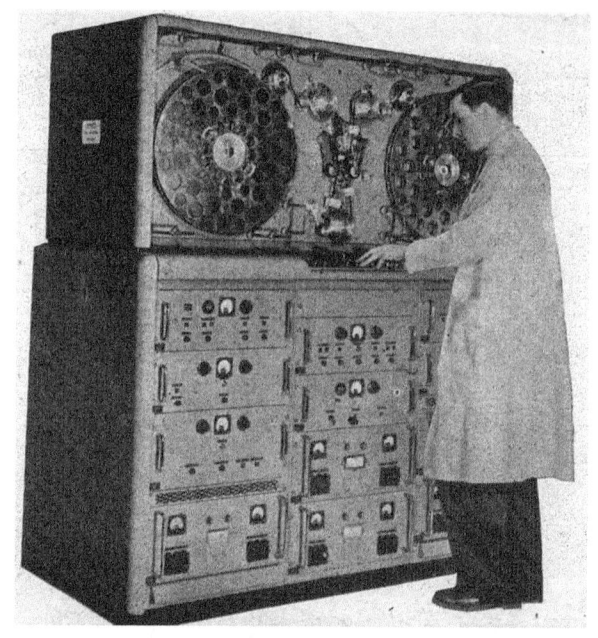

图6 声画时间机器VERA：视觉电子仪器，1958年英国广播公司，可纵向录制1/2英寸磁带

图片来源：S. Zielinski, "History of Video Recorder," Berlin 1985

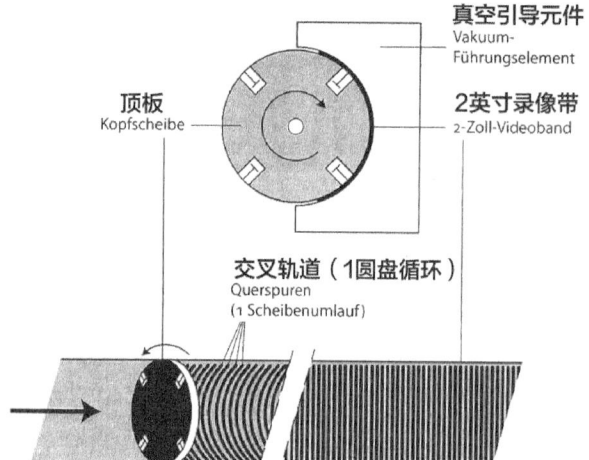

图7 根据Ampex公司的系统对磁带进行标记的示意图

图片来源：S. Zielinski, "History of Video Recorder" 1985/2010

人类是什么，不一定要从我们自己身上寻找答案。纵观历史，哲学家们一直过于主观，他们不明白当局者迷，旁观者清的道理。因此，我们必须进行一场真正的革命。请注意，心灵与客体同在，而不是与主体相邻。

非常感谢大家的聆听，祝愿同济大学2023媒介文化年会圆满成功。

Materialogy and Variantology, Principles of Thinking Media and Arts in Times of Crisis and Radical Upheavals

Siegfried Zeilinski

Hello to all colleagues and students at the 2023 Media-Cultural Academic Forum at Tongji University. My special thanks go to Professor Li Linxue for his ongoing trust in our cooperation. Today I shall speak on the two keywords in my theory and praxis of media research and studies: Materialogy and Variantology, principles of thinking media and arts in times of crisis and radical upheavals.

Wherever we turn our gaze in the current world, it encounters enormous, indeed existential challenges for many inhabitants of our planet. Enormous upheavals, crisis that are interconnected in a worldwide network of relations. This also demands reflection from the discipline that is per se responsible for communication and its cultural and technical tools. Reflection should go both onto the history of the genesis of our own academic field and it should be directed onto the future.

What kind of media thinking do we need? Especially if we don't want to give up our confidence that we can still change the worlds we live in for their benefit and thus for our benefit. I'm currently taking up this challenge by trying to combine two cognitive interests in a dialectical figure. I combine the question of the principles for a media thinking that is capable of dealing with the present and the future with a critical examination of my own intellectual work as a media researcher over the last 50 years. Currently, I am working with a set of 13 epistemic principles, all of which also have striking consequences for the methods of our critical hermeneutic work. I present this index in a very brief form to you and then extemporize two points within the time given to me.

First, the 13 epistemic principles.

Number one, research and teaching beyond the established disciplines. I plead for thinking in freestyle and without railings. A transversal thinking, an important word for me, a transversal thinking across the existing disciplines. I will come back to that. The paradox is — we invent an independent field of research that is itself not disciplinary but runs diagonal to the disciplines media studies.

Second, Clinamen number one, materialogy. This is about materialism of encounters. Already in my archaeology of media in 2002, I identified the atomists of ancient Greece as early materialists and protagonists of my material analysis. In China classical alchemy could serve as a comparable epistemic model.

Third, cosmopolitanism, mondialité or in English, mondiality. Knowledge is never provincial or only local or even national. The same is true for communication. I argue strongly for a poetics of world relations, this is a term from Édouard Glissant, instead of globalization which is one dimensionally oriented towards the late capitalist world market.

Fourth, oceanic versus territorial thinking. We urgently need a paradigm shift from continental to Pacific thinking. This amounts to a de-territorialization of thinking, a move into the open in which the knowledge of two cultural techniques takes an outstanding importance. Navigation and reading the winds. Knowing which way the wind blows becomes a question of survival, not only for architects.

Fifth, variantology, variation, variety, variability. These are media formats and concepts which are alternatives to the modernist gesture of destruction as a practice of the European avant-garde. We learn to vary, also to repair instead of constantly inventing things new, which usually presupposes the destruction of the old. Our logic should be one of multiplicity and liveliness.

Sixth, Paleo-futurism. This is a concept in which the dialectic of verticality and horizontality unfolds in media research. The opposing arrows in time into the past and into the future as possibility spaces as well as their tensions become the theme here. It is about a poetry of Kairos, the non-extended now as a collision point and as a surprise generator for the new. This contains a gesture of an anticipatory consideration. In German I would say "vorausschauende Rücksichtnahme", anticipatory consideration. It concerns ecological thinking in media studies, also the pleasure in projection versus the horror of permanent retro perspectives. Media studies must retain the privilege of dreaming ahead.

Seventh. Interfaces is about machines becoming human and about dramaturgies of differences between man and machine. Before machines became human, humans became machines. We are still in this process. This was my point seven on the index.

Eighth, unconditional dialogue as the essence of all communication. Instead of never-ending monologues, I propose a change in subject conceptions from the unconditional "I" to the unconditioned "we", to the conditional "you" and "we". The unconditioned dialogue is a prerequisite for this. A very, very difficult point, but perhaps we have possibilities in November to discuss that more deeply.

Nineth, expanded hermeneutics. The plea for an extended hermeneutics that has also systematically included the objects of technology and nature in hermeneutic activity.

Tenth, this is the second part of my Clinamen, the Greek term I will explain later. Materialogy again. The relative autonomy of things, everything that happens between heaven and earth. Free becoming, freies werden, free becoming, interactions, atmosphere are the crucial keywords here.

And eleventh, precision and poetry, one of my favorite points. This is on the dialectic of thinking and doing mathematics and imagination.

Twelfth, earthiness and cosmic perspective. The earth will belong to those alone who live from the forces of the cosmos, noted philosopher Walter Benjamin. The movement into space can enrich our life on planet Earth, of course. But to survive, we urgently need a much more intensive devotion to the earth. The Tesla concept of human colonization of space is a concept for unworldly billionaires.

And the last point, thirteeth artificial ex-telegences and hybrid realities. A challenge, but by no means the downfall of any culture in the presence and in the future.

I shall now briefly focus on two basic points.

First, beyond disciplines. With French cultural philosopher Roger Caillois, who also wrote a great early book on games in 1958, I strongly advocate the concept of transversal thinking, which alone can do justice to the sprawling complexity of both the real and the imaginary. Often the extreme differentiation of science is registered with a certain regret, writes Caillois. With him, I call for diagonally operating knowledge generators like media studies. Now, the hour has come to connect the numerous outposts of an immeasurably extended periphery, a periphery without interconnecting lines, in which there is a great danger that each worker will ultimately only dig up his territory as a blind and obsessed mole.

Michel Foucault coined another concept of transversal thinking that is epistemologically comparable to Caillois' concept. Meta, methodologically, the concept I have developed for my media thinking is close to Foucault's hermeneutic ideal. Critical media thinking is an interdiscursively developing activity that crosses disparate and heterogeneous fields of knowledge, as if in an imaginary prism and lets them communicate with each other in a network that is as imaginary as it is real. The aim of such media thinking is the development of polyvalent knowledge and a multi-perspectival operationality, with the help of which I can intervene in the exciting relationships between the various arts, sciences and technical media.

Alongside French master thinkers such as Jean-Georges Canguilhem, Bataille, Claude Lévi-Strauss, Louis Althusser, Michel Foucault, Gilles Deleuze, Jean-Jacques Derrida, I learned from the courageous intellectual and autodidact Vilém Flusser from Prague to combine my fundamentally historical materialist education with an idea of order and structure that can be understood as the result of ever surprising encounters and associations and not primarily as the consequence of logical reason and deduced rational principles.

The most thought-provoking critics and theorists of the 20th century from Walter Benjamin and Bertolt Brecht to Raymond Williams or Julia Kristeva, the most thought-offensive critics and theorists of the 20th century, did not and do not any institutionalized subject in which they were at home and understand media discourses as practices that shift back and forth between classical artistic forms of expression and the means of technical reproducibility, between painting and photography, cinema, architecture, music, performance and the new networked language models of artificial ex-telegencies, as well as between philosophy and the history of technology, sociology and aesthetic critique, computer science, psychoanalysis and ideology critique. From only one of these analytical perspectives, media can only be thought administratively, but not vividly.

Thinking without banister, which Hannah Arendt proclaimed for herself as a philosopher in exile and my thinking in freestyle favor the idea that our intellectual activity is not to be disciplined in strict academic orders, but is to be developed as free engagement with burning intellectual material. This is not a license for theoretical and methodological arbitrariness. On the contrary, the depth of the subject matter and its particular temporal dimension always demands special poetry and precision.

Second, in this point I pulled together the concept of materiology and the methodological demand for an expanded hermeneutics extremely succinctly. With the *I-Ching* and the processual five element theory, the deep time Chinese civilization has a compact history of ideas and a universal hermeneutic that understands and describes the world in constant change. It even incorporates, as we know the idea of the binary code as an analytical tool, as Leibniz already understood in the 17th century when he developed one of the earliest calculating machines of modern times. European modernity has meanwhile taught us to strictly separate the heterogeneous realities of the material on the one hand and the intellectual or spiritual on the other. Even if some of its most prominent representatives such as Isaac Newton themselves happily poked around in the treatises and the laboratories of magicians and alchemists, let us not make the same mistake of separating what can only be thought together.

Let us encounter the new realities that lie between computable statistical systems like ChatGPT and the nervous sensitive matter of the real with a new kind of harmonetics that I call extended materialities. It explicitly includes the technical and natural things as subjects of humanistic investigation. Around 1960 French artist Jean Dubuffet called an early series of his works "Materiologies". By "materiology" he means the tidings of the interplay between heaven and earth. If you subtract the paitos from this remark you get a strong term for the description of an artistic poetic gesture that knows how to open itself completely to the material, recognizes it in its own subjective world and brings its heterogeneities into a relationship with each other.

My studies of the texts of French philosopher Louis Althusser was of great importance for my intellectual socialization. He was fearlessly unconventional in his thinking in contradiction to the intellectuals of Marxist doctrines of salvation that abounded in Western Europe in the 1960s and 1970s. Materialotical aleatory is a key to Althusser's intellectual universe. In his essay "The Subterranean Stream of the Materialism of the Encounter", he draws on the unique philosophical poem of the Roman atomist Lucretius from the first century before Christ to explain a category that is particular interesting. The "Clinamen" is the smallest possible infinitesimal deviation which one does not know where, nor when, nor how takes place. In his great poem on Nature, the Roman atomist Lucretius describes the "Clinamen" using the example of raindrops falling in parallel, one of which suddenly breaks out of its vertical path. In the language of the atomist this courses an atom to deviate from its perpendicular fall into the void and courses an encounter with a neighboring atom and from one encounter to the next a gambolage and the emergence of a world which is caused by the first encounter in a chain reaction. Along with the Roman atomists and Althusser, of course I am deeply convinced that the origin of every world that is of all reality and meaning is due to deviation. By the way Karl Marx wrote his doctoral thesis on this. Deviation is also an essential prerequisite for what we call inventiveness in techno science.

Deviation is also an essential prerequisite for what we call inventiveness in techno sciences. In my early media archaeological study of the video recorder machine from 1984, I made this clear technologically using the example of the invention of the so-called quadruplex process for recording electronic image signals. All attempts at longitudinal recording with fixed recording heads and magnetic tapes running along them were doomed to failure because they produced far too large quantities of tape. You can see that in the images with these machinic monsters. This means that they did not make sense in terms of economy and in terms of technology. The fundamental deviation from this rule which ingenious engineers from the Ampex company have come up with is that the quadruple the video head mount the four heads at exactly equal intervals on a disc and let this disc rotate at high speed at right angles to the course of the tape. You can see it in the sketch I show in my presentation. A spatiotemporal techno-economy that becomes the model for early professional video recording, which has to operate at enormously high data rates. Here, deviation from the rule has even been the prerequisite for the success of a media technical factual system on the world market.

In the final thought, I refer to the physiologist François Dagognet. The world of objects, which is immense, is eventually more revealing to the mind than mind itself. To know what we are, it is not necessarily in ourselves that we must look. Philosophers throughout history have remained too exclusively turned towards subjectivity. Without understanding that it is rather in things that mind makes itself the more visible. We must therefore make a real revolution, noticing that it is on the side of the objects that mind stands rather than on the side of the subject.

Thank you very much for your attention and I wish you a wonderful and successful forum 2023.

主题文章

城乡传播何为[*]

李麟学[1]　李凌燕[2]

摘要：中国式现代化的推进是在中国自身特有的城乡转型过程中发生的。认知中国城乡特殊性、妥善处理好新型城乡关系，是新时期国家发展的关键性问题，这也为探索具有国情特点、乡村特色的城乡融合体系与新时代内涵，为城乡发展相关学科的协同介入提供了广阔契机。本次在梳理城乡研究脉络基础上，对当下城乡传播领域的多学科协同进行了展望，并介绍了同济大学在相关这一领域的初步探索，以期提供有益借鉴并激发相关思考。

关键词：中国式现代化；城乡融合；城乡传播；同济探索

一、中国式现代化与新型城乡关系

城与乡，是人类生产生活的两大空间形态，也是经济社会发展中一对至为重要的关系。党的二十大提出"以中国式现代化全面推进中华民族伟大复兴"，并阐述了"中国式现代化"五个方面的特

---

[*] 本文为国家自然科学基金（kz1108020）阶段性研究成果。
[1] 李麟学，同济大学长聘教授、艺术与传媒学院院长、建筑与城市规划学院博士生导师。
[2] 李凌燕，同济大学艺术与传媒学院传播系副主任、城乡传播研究中心主任。

征，即人口规模巨大的现代化、全体人民共同富裕的现代化、物质文明和精神文明相协调的现代化、人与自然和谐共生的现代化、走和平发展道路的现代化。

中国式现代化的推进是在中国自身特有的城乡转型过程中发生的，上述五个特征均与中国城乡特殊语境、关系与特征高度相关。首先，以中国城市化率70%为实现目标，其人口规模高达10亿人，中国城乡发展的巨大规模和特殊形态是其他国家不能比拟的。要以超大的城乡规模与形态实现共同富裕，对于经历了高增速、大规模、时空压缩的城镇化过程的中国而言，至关重要的是客观认知既存的巨大城乡差异、空间地域层级多元与发展不均等现实，着力推进城乡融合高质量发展，并使之优化强化发展成为中国城乡一体化的某种体制优势，实现城乡双向赋能。其次，中国式现代化的核心内涵是回归至"人的现代化"上来。我国农村人口数量巨大，城乡制度差异造成了特有的农民工现象，乡村人口整体迈进现代化的艰巨性和复杂性前所未有[1]，需考虑人民需求升级与现代化动力问题、区域格局优化与协调发展问题、城市核心引擎与抗风险韧性问题、城乡新循环与乡村振兴和共同富裕问题等。这些问题，均需紧紧围绕以人民为中心的发展思想，在构建以人民为中心的新型中国城乡关系的结构性转换中进行。

在此意义上看，可以说城乡现代化是中国式现代化的重要载体与基础，城乡问题的解决直接影响国家结构转型的方式和结果。能否妥善处理好中国特殊城乡问题，成为破除各种发展壁垒和破解人口、资源、环境与生态等当今世界的非传统安全问题，是国家实现现代化的关键问题，也是中国式现代化的必由之路。党的二十大报告中提出的"中国式现代化"与"新型城镇化""城乡融合"等新战略理念，是对自党的十八大以来，习近平总书记鲜明指出要走中国特色新型城镇化道路，确立并不断完善以人为核心的新型城镇化战略，强调提高城镇化质量的进一步战略深化与崭新思考。这为在拥有14亿多人口的发展中大国积极稳妥扎实推进中国式城乡现代化指明了前进方向与根本遵循，为中国式现代化的"空间方案"提出了纲领性要求，更为我国探索中国式城乡现代化的目标、动力、路径与实施等内容方面打开了崭新的学理与实践讨论空间。

二、从"城乡二元"到"城乡融合"

"城乡关系一改变,整个社会也跟着改变"[2]。中国的城乡发展历程始终受到国家战略导向、学术思潮演变及自身等社会发展阶段特征等诸多因素的影响,其间工业化、城镇化、农业现代化、信息化等几种过程并联交织、互相作用。可以说,中国"城市—乡村"特殊的相互关系与发展历程,成为透视"中国式现代化"历程与未来的关键视角。

很长一段时间里,在以西方学者为代表的城乡关系的学术讨论视野中,城市和乡村之间存在根本差异成为无可争议的共识,城乡二分范式(rural-urban dichotomy)几乎成为经济学、社会学理论的预设[3]。该理论范式强调城乡的差异和对立以及分类范畴的绝对性,认为城市与乡村在文明形态中代表着相互对立的两极,二者之间存在本质的差别,各有其独特的利益、组织结构和生活方式[4]。在城市主义大行其道的漫长城市化进程里,城镇优于乡村成为具有强势话语权的隐含假设[5]。这极大影响了实践层面国家政策的制定原则,几乎所有的社会基础都从城市角度来审视,认为城市化是一种不可逆的发展趋势,一个国家的发展与转型必须要经历从农业社会过渡到城市社会的过程,从农村到城市的移民是唯一路径,城市治理是现代国家的主要场域[4]。与世界其他经济体相似,基于"城乡二元论"的理论基础,中国的城乡二元体制与工业和城市导向发展战略也对自身国家与城乡空间发展影响深远。新中国成立后,我国通过推行重工业优先发展战略突破资金稀缺对经济增长的制约,实现了经济赶超和快速工业化。改革开放以来,高增速、大规模、时空压缩的城市化过程,促使我国农村人口呈现出大规模、持续性从乡到城的单项流动,这在同期的全球城市化进程中创造了增速"奇迹",并与经济增长"奇迹"相互嵌套,共同构成了国际视野下的中国工业化和城镇化发展"图景"。城乡二元体制、工业和城市优先发展战略也拉大了城乡差距,加剧了城乡不平等,积累的各类矛盾比较突出;要素单向从乡村流向城市,造成乡村衰败,可视为中国现代化进程中最严重的后果之一。

21世纪起,随着城市边界的持续向外延展,城乡呈现出越发紧密的日益流动、交错与模糊，"城乡二元论"范式的合理性受到广泛质疑[6,7]。学者们逐渐采取新的"城乡连续体"（rural-urban continuum）范式对城乡融合下的相关问题进行分析，认为在完全城市化（extreme urban）地区与完全乡村地区（extreme rural）之间存在连续的过渡空间，构成了城乡连续体，且城市化程度越高的地区，其城乡连续的空间层次就越复杂，包括乡村、小城镇、城郊地区等[8]。"城乡连续体"范式不是对传统城乡二分范式的简单修补，而是以更为整体的视角对城乡社会变迁的重新认识，着重理解具有不同程度的城市和乡村特征的地区的发展，在关注城市、乡村内部差异性的同时，更加强调城乡之间的联系和融合[9]。"城乡连续体"范式对于我国正在推进的城乡融合与乡村振兴战略具有很强的启示作用，也与较长时间以来中国乡村研究的整体式文化视角形成良好搭接。事实上，著名学者费孝通从整体和抽象视角考察了中国乡村文化，描述了自下而上的地方自治、土地为中心的经济、礼俗为规则的行为方式的全貌，并提炼出乡村社会结构的基本特征，即差序格局。在费孝通看来，城乡二元格局是现代社会的产物。乡村研究离不开城市视角，城市研究也离不开乡村视角，打破城乡产业壁垒、重建城乡相辅相成的良性循环，正是以费孝通为代表的中国社会学者群体关于城乡文化观中的重要立论基础。在费孝通的观点中，不能将中国城乡及其文化视为一个整体与西方文化对话，需正视中国作为一个大国其不同地域在文化特质、生态环境、区位特征与发展经历等多方面的巨大差异[10]。

党的二十大报告指明中国式现代化是实现民族复兴的重要路径，并强调其中最艰巨最繁重的任务仍然在农村[11]。"城乡连续体"范式与中国传统文化观中的整体论立场，对于我们当下思考城乡融合具有重要的借鉴意义。如何以中国式城乡现代化为语境和目标，深刻认知中国城乡融合所处发展阶段、发展制度方面的独特性，充分正视我国城乡空间大尺度、多层次、复杂的人地关系特点和巨大的区域差异性，和推进城乡融合发展路径的复杂与艰巨性。当前，全球发展中国家在城乡融合发展现实道路可借鉴的经验相对较少，而中国在世界城镇化进程中扮演着重要纽带角色和示范作用。如何赋予城乡融合发展新的时代内涵和要求，探索具有国情特点、乡村特色的城乡融合体系，讲好"中国城乡现代化"的故事，这为城乡发展相关学科的协同介入提供了良好契机也提出了严峻考验。

三、中国城乡发展新语境与跨学科新机遇

城乡空间转型背后是深层社会经济结构的变化。当下信息技术革命的强势来袭与加速演化,带来了这个时代的重大议题和空间巨变,成为新时期城乡社会空间融合转型的深刻影响因素之一。

"万物皆媒"时代,伴随5G、云计算、大数据、区块链、人工智能等新技术的突飞猛进,传播方式与传播格局正在发生深刻的历史性变化。在世界范围内,媒介融合与全球化、城市化、智能化浪潮相互叠加与相互塑造,推动着传播媒介发挥更强大的城乡空间变革与社会结构塑造作用。"我们正在与一个以数字、网络空间信息技术持续多样化、倍增和扩散为特征的技术现状做斗争,这一趋势已经持续了近十年"[12]。媒介在数字背景下已成为空间、场所和社会的重要中介,关联了替代性虚拟环境;其作为促发性技术因素与新型社会结构性力量,浸润至城乡空间与社会其他领域关系的长期结构转型中,创造出了一个新的"社会操作系统",引发主体—客体关系的根本重新调整"[13],激发出"人—空间—社会"之间崭新的关系构架。

图1 芝加哥学派认为"城市是一个实验室"

传播与城市之间的关系研究并非当下新问题,而是植根于传统城市研究与传播研究领域的诸多交叠,在应对不同历史时期特殊城市问题中逐步延伸至今。早在现代城市建立初期,芝加哥学派就聚焦城市生态学,将城市视为一种具有"规模、密度、异质性"三种特征的崭新"生活方式"[14](图1)。其代表学者罗伯特·帕克(R. E. Park)更是将传播作为现代城市社会重要的控制手段之一。他认为在首属关系为主导的农村社会中,只需要通过面对面的人际

传播就可以完成所谓的社会控制。而城市化进程以及交通与通信革命的结果是破坏了原有的社会关系，使偶发的、短暂的次级联系取代亲密的、持久的初级联系成为主要的社会关系。新闻传媒——报纸——作为城市范围内信息传递和公共舆论形成的重要手段，延续和发展并形成了崭新的社会控制模式。报纸的出现直接决定了城市中公众参与政治的程度，并培育了公众的现代意识[15]。

　　刘易斯·芒福德（Lewis Mumford）也明确将城市与计算机类比，也就是媒介。在他看来，通过集中物质的和文化的力量，城市加速了人类交往的速度，并将它的产品变成了可以储存和复制的形式。通过纪念性建筑、文字记载、有序的交往习惯，城市扩大了一切人类活动的范围，并使这些活动在时间上向前和向后延伸。城市通过许多它的储存设施（建筑物、地窖、档案、纪念性建筑、牌匾、书籍），把各种复杂的文化一代又一代的流传下去。与城市复杂的人类秩序相比，我们现今储存和传输信息的精致电子机器是粗糙、有限的[16]。媒介物质性研究的代表人物弗里德里希·基特勒则直接指出城市是一种媒介。他认为城市中的建筑、交通、军事联络、公共空间等都是承载社会生活的独立媒介，这些公共渠道的存在使城市的网络结构和各项功能得以持续性地发挥作用[17]。随着数字信息技术对城市空间的深度侵蚀，越来越多学者开始关注数字时代媒介影响下的城市与城乡关系变革（图2）。麦奎尔先后提出"地理媒介"的概念，提出数字空间媒介与城市空间紧密咬合新语境下，地理与媒介的

图2　杭州市民中心灯光秀

"联姻"改变了城市公共空间中公共交往的形态,创造出身体"集体在场"的新城市体验,也重新划定了个人边界和松散接触间的平衡点,为市民在城市公共空间中以实验精神积极探索体验新的社会互动形态创造了可能[18]。

同时,正如卡斯特在其《网络社会的崛起》一书中提到的,"技术是一个社会通过社会制度,包括国家——驱使自身掌握技术优势的能力"[19]"网络社会"的出现正在更改传统既有时空区域的权力控制格局与方式,地方空间受到挑战;技术的变革将空间单元拆解、重构、拼合在一起,创造出了远距离关联和"零时差"的"非场所性社会"。"缺场"（absence）的场所被远离它们的社会影响所穿透并改变着"地域性社会"的建构方式。世界发展阶段差会催生不同时间轴并行的"平行世界",时差的消失也会使空间的价值至少在经济上不断失去其原有的"区位"特征[20]。城乡失去了传统意义上的形状和普遍的结构,边界和形状更加模糊,连接性空间和流动逻辑正变得越来越重要。英国皇家科学院院士迈克尔·巴蒂（Michael Batty）也提出"新城市科学"（new urban science）,倡导以新的信息连通性、网络性的视角审视城乡发展问题,以应对新技术革命对于空间科学的巨大冲击。以李孜为代表的一些学者,充分认识到数字媒体和信息化为重塑城乡关系带来崭新动力,敏锐地提出"在线城镇化"概念这一立足于中国、连接城乡各要素对流形成的全新模式。他们指出面向存量时代,随着乡村和城市之间的渗透现象逐渐凸显,城和乡更加成为相互依赖的完整系统。数字服务从消费端倒逼生产端,同时将线上资源与线下空间进行有效的耦合。数字技术通过增强计算和连接能力,精准、及时地匹配供需关系,提升城乡系统的运行效率。促使城乡生产生活的空间组织模式产生较大变动。计算和连接的能力的增强,促使城乡之间要素流动,快速迭代或给城市居民和乡村带来更多福利。

未来,新信息科技革命创新驱动下的中国城乡空间转型融合将持续发生,亟需展开大量新的理论与实证研究[21]。与大数据、云计算、数字孪生相融合,城乡成为未来超越手机单独终端模式、形成智能社会生态系统的最大集群场景,在大数据智能技术、群体智能系统与仿真、空间跨媒体应用、城乡系统重组等不同层级领域,大大拓展了媒介融合与场景应用的概念与范畴,传播学由此也不再限于媒体反应论的陈旧定义,而成为介入新时期城乡融合发展的重要方法论与认识论基础因素。这些均为传播学与城乡学科领域交叉延伸打开了广阔的发展机遇。

四、"城乡传播"——同济大学的场景新探索

"城市传播"作为当下已经在国内外学术界形成一定共识与影响力的新兴研究方向，其开拓者深受 20 世纪城市社会学和城市文化研究影响，关注城市社会中的差异性个体及其日常生活实践，从城市与传播漫长深刻的交织脉络中获取启示，希望以传播为纽带和视角，激发传播学与其他学科之间的丰富关联，促进来自不同学科、不同领域的研究者共同面对、认知和破解持续更新的当代城市问题，并形成特有的问题意识与研究路径；为多学科协同理解城市语境中人、环境、技术与国家/社会之间的互动关系，以及立足中国自身语境解决中国城市特有问题，提供了良好学术基础[22]。

同济大学艺术与传媒学院充分发挥同济大学顶尖城市与建筑学科群的集合优势和人工智能跨学科整体提质机遇，创立"城市传播"特色科学发展方向，回应国家战略发展导向，凸显媒介技术与城市场景优势的跨学科脉络，探讨当前城市与传播崭新实践在中国特有的鲜活经验。过去几年中，学院始终坚持以学术平台与智库建设、理论科研推进、课程教学建设、社会成果转化等四维一体式发展路径，从技术、空间、传播的跨学科角度，探讨"传播"作为重要的新型基础设施与介入性社会力量，与"城市"这一综合性媒介发生各个面向的互动与认知变化，取得了良好效果。

聚焦中国城市发展战略与传播、新型城市空间与媒介传播场景实践、城市治理与社会沟通，国家与城市形象塑造与传播等四大方向，截至2023年年底，学院先后承担与参与国家级基金10项、省部级基金12项，在国内外核心期刊上发表高质量文章百余篇，出版专著10余种，取得了良好的研究成果基础。围绕"城市传播"方向，凸显同济整体跨学科融合优势，学院在国内较早建设"本—硕—博一体化"、涵盖"专业基础、核心素养、通识培养"三大维度的课程集群体系，形成跨学科、跨区域、理论实践并举的课程建设模式。建立了"高端论坛+城市融合空间实践"的学术与实践融合推进机制，培育出广

泛影响力的"城乡传播"高端学术平台，形成常态化智库支撑。与上海的浦东新区、杨浦滨江、奉贤新城，以及深圳的前海、浙江的龙游等重要城乡战略典型区域合作连续举办"城乡传播论坛"。"城乡传播论坛"2021、2022连续两年作为"上海世界城市日"官方专题论坛，并收到习近平总书记贺信。持续为上海、深圳等战略性城市提供智库服务，先后承担智库项目50余项。深入服务上海"人民城市""一江一河""五个新城""数字城市""城市软实力"，深圳"中国特色社会主义先行示范区""粤港澳大湾区"等重点城乡发展实践。与上海杨浦滨江、深圳前海、浙江黄岩等地开展城乡传播实践课题，参与创建杨浦滨江"上海市政协人民城市工作站"；与前海共建"前海—同济城市文化传播研究平台"；作为"长三角数字城市研究合作体单位"服务"长三角一体化"战略；与京东、小邻通共建未来社区与融媒体项目；与华为河图合作虚拟现实城市空间项目；承担长三角一体化示范区可持续发展研究院展示传播项目等。

当下，我国城市化率已接近70%，城镇化主战场逐步由大城市转向乡村。乡村承接城市功能外溢的积极作用逐渐体现。"破除单向城市化思维，增加城乡连续体系的融合度、可连接性和要素流动，促进城市和乡村共同发展繁荣"，成为中国城乡融合发展新路径。在此新语境下，同济大学在原有"城市传播"研究基础上将研究场景从城市拓展至城乡范畴，并在"城乡传播"方面进行了诸多先行探索。承担了国家社科基金重大项目子课题，并出版图书《中国村庄当代发展的浙江样本研究——台州市黄岩区沙滩村发展研究》，该项目被纳入"浙江省文化研究工程研究系列"；于8省20地建立"乡村振兴"基地，深入云南镇康、内蒙乌兰浩特、贵州威宁自治县等地拓展实习基地，深入基层，服务国家乡村振兴战略；创设"纪录城乡"暑期实践品牌项目，以"同载乡村初心，济担振兴使命"、"传播助力乡村振兴"等为主题开展暑期社会实践，组织广大学子用脚步丈量乡村、用影像记录时代；发挥学院专业优势，深度参与国家社会科学基金重大项目"中国村庄的浙江样本研究"，与黄岩共建"乡村振兴学院"，践行同济人"与祖国同行，以科教济世"的庄重承诺，辗转数万公里，把大思政课堂搬到祖国各地。

2023年7月,同济大学艺术与传媒学院师生团队分赴浙江省义乌市赤岸镇、浙江省丽水市松阳县、江苏省盐城市建湖县、安徽省黄山市黟县、云南省大理市云龙县,通过特色暑期实践活动,用镜头、文字和画笔串起散落在广袤大地上的古村落,以实际行动融入"古村拯救行动",以专业知识打造"纪录城乡"品牌,讲好文化传承和乡村振兴的故事(图3、图4)。

2023年11月,同济大学艺术与传媒学院携手澎湃新闻开启"百村安居图"第3季"在希望在田野上"乡村振兴调研活动,依托"百村安居图"这一关于中国乡村现状和乡村振兴成果的调查展示项目,充分发挥高校学生团队力量,深入全国的多个乡村进行乡村调研,更为深入探索城乡融合。2023年12月,学院携手浙江省龙游县政府,以"互哺共育,城乡融合"为主题,以龙游为实践基地,邀请国内外城市、建筑、传播、文化、艺术等多领域专家,共同探讨未来的城乡融合发展与治理模式构建新路径。这些均为同济大学未来"城乡传播"理论与实践探索掀开新序幕。

图3 2023年暑期同济大学艺术与传媒学院深入乡村开展"古村拯救行动",打造"纪录城乡"品牌

图4　浙江义乌雪峰文学馆

五、结束语

20世纪90年代，学者冈伯特和德鲁克便预见到在城市研究和传播研究之间建立联系的重要意义。在他们的号召下，1995年第6期《传播研究》推出"传播与城市景观"专刊，其编辑按语中写道："（本期）除了意在连接研究城市相关问题的城市学者和传播学者之外，也希望提升我们对一般社会问题特别是城市问题的关注。"[23]呼吁城市研究与传播研究两个学术领域展开对话，特别是鼓励对城市问题关注较少的传播学研究者进入这一对话过程。

当下，中国式现代化为新时期探索城乡融合提出了新框架与新命题，国家战略与政策的持续出台也为"城市传播"在理论建构、机理阐释、场景拓展与路径探索等方面的持续推进提供了崭新契机，而对于城乡融合场景等研究刚刚起步。《城乡传播》的创刊，也正是希望抛砖引玉、搭建有益学术平台和宝贵沟通桥梁，发挥高校学术与智库平台优势，以跨学科协同破除思维惯性，对接国际研究趋势、展望未来国家需求，真正为中国式城乡现代化的时代内涵、实践历程与路径选择等宏大问题贡献力量。

参考文献

[1] 段进，张庭伟，尹稚，等."中国式城乡现代化：内涵、特征与发展路径"学术笔谈[J]. 城市规划学刊，2023（1）：1-10.

[2] 马克思恩格斯选集（第一卷）[M].2版.北京：人民出版社，1995：157.

[3] MOORE M. Political economy and the rural-urban divide, 1767-1981［J］. The Journal of Development Studies, 1984, 20(3): 5-27.

[4] 刘守英，龙婷玉.城乡融合理论：阶段、特征与启示[J].经济学动态，2022（3）：21-34.

[5] RAJAGOPALAN C. The rural-urban continuum: A critical evaluation［J］. Sociological Bulletin, 1961, 10(1): 61-74.

[6] ABD EL KARIM A, ALOGAYELL HM, ALKADI II, et al. Mapping of GIS-Land use suitability in the Rural-Urban Continuum between Ar Riyadh and Al Kharj Cities, KSA based on the integrating GIS multi criteria decision analysis and analytic hierarchy process［J］. Environments. 2020; 7(10): 75. https://doi.org/10.3390/environments7100075.

[7] DAHLY D L, ADAIR L S. Quantifying the urban environment: A scale measure of urbanicity outperforms the urban-rural dichotomy［J］. Social Science & Medicine, 2007, 64(7): 1407-1419.

[8] 李雯骐，张立，张尚武.中国城乡融合研究的议题、评述及展望[J].城市规划学刊，2022（6）：36-43.

[9] Brown D L, Glasgow N, Kulcsar L J, et al. Rural retirement migration and public policy［J］. Springer Netherlands, 2008.DOI:10.1007/978-1-4020-6895-9_7.

[10] 赵旭东，王美芬.从类型比较到文化观：费孝通城乡研究视界中的自觉历程[J].社会科学，2021（11）：75-86.

[11] 习近平.高举中国特色社会主义伟大旗帜 为全面建设社会主义现代化国家而奋斗——在中国共产党第二十次全国代表大会上的报告[EB/OL].（2022-10-16）[2023-12-07]. https:// www.gov.cn/gongbao/content/2022/content_5722378.htm.

[12] LESZCZYNSKI A. Spatial mediation［J］. Progress in Human Geography, 2015, 39(6): 729-751.

[13] PINK S, HJORTH L. Emplaced cartographies: Reconceptualising camera phone practices in an age of locative media［J］. Media International Australia, 2012, 145(1): 145-155.

[14] 彼得·桑德斯.社会理论与城市问题[M].郭秋来，译.南京：江苏凤凰教育出版社，2018：38.

[15] R.E.帕克.城市：对于开展城市环境中人类行为研究的几点意见[M]//R.E.帕克，E.N.伯吉斯，R.D.麦肯齐.城市社会学[M].宋俊岭，吴建华，王登斌，译.华夏出版社，1987：2.

[16] 刘易斯·芒福德.城市发展史：起源、演变和前景[M].宋俊岭，倪文彦，译.北京：中国建筑工业出版社，2005.

[17] 孙萍.媒介作为一种研究方法：传播、物质性与数字劳动[J].国际新闻界，2020，42（11）：39-53.

[18] 潘霁.地理媒介，生活实验艺术与市民对城市的权利：评《地理媒介：网络化城市与公共空间的未来》[J].新闻记者，2017（11）：76-81.

[19] 曼纽尔·卡斯特.网络社会的崛起[M].夏铸九，王志弘，等，译.3版.北京：社会科学文献出版社，2006.

[20] 尹稚.迈向中国式现代化，推动中国城乡建设高质量发展.[EB/OL].（2023-02-24）[2023-12-07].https://mp.weixin.qq.com/s/ zjvtpCRujBQiyGPhx1qlXA.

［21］ 周静，肖阳.人工智能时代技术进步与城乡发展研究的新议题［J］.上海城市规划，2022（5）：1-6.

［22］ 郭旭东.城市传播研究的起源：理论回溯、发展历程与概念界定［J］.新闻界，2022（11）：16-25.

［23］ BALL-ROKEACH S J, BERGER C R. Editors' note［J］. Communication Research, 1995, 22(6): 621.

A Discussion on Urban and Rural Communication

Abstract: The promotion of Chinese path to modernization is taking place in the process of China's own unique urban and rural transformation. Recognizing the unique characteristics of urban and rural areas in China and properly handling the new urban-rural relationship are key issues for national development in the new era. It also provides a broad opportunity for exploring the urban-rural integration system with national and rural characteristics and the connotation of the new era, and for the collaborative intervention of disciplines related to urban-rural development. On the basis of sorting out the research context of urban and rural areas, this article looks forward to the interdisciplinary collaboration in the current field of urban and rural communication, and introduces Tongji University's preliminary exploration in this field, in order to provide useful reference and stimulate relevant thinking.

Key Words: Chinese modernization; Urban rural integration; Urban and rural communication; Tongji Exploration

"建构"媒介城市
——一种作为关系隐喻的城市观*

杨浩晨[1] 潘霁[2]

摘要：城市规划多以实体空间诸要素的理性设置为目标。然而都市空间并非不言自明——其间诸般感知体验、行为交往、符号运作皆从城市沟通系统运作中不断生成涌现。就此，考量城市建构实践，存在人与技术系统不同尺度。当关注构成城市的各类交往沟通，追问城市空间及其表征的生成动态时，事实已将城市视为关系建构的隐喻来理解。城市的媒介属性由此显现。城市沟通系统的媒介化运作标记出城市自身的存在并规定着市民知觉经验的形态，形塑着人们对城市的认知理解。通过将人、技术、物质诸要素纳入媒介运作，城市在三者的耦合关系中建构出新的意义。数字技术的发展促使我们对媒介城市的运作方式进行再思考：深度检视数字技术为城市"可计算性"创造的新条件；并在脱实向虚的表象之下，重视媒介城市物质性在虚拟空间递归，与中介调和的关系建构过程，从媒介入手把握城市规划在数字时代的发展。

关键词：城市规划；媒介性；关系建构；隐喻

---

* 本文是国家社科基金项目"传播基础设施激活社区公共生活效果研究"（20BXW055）阶段性成果。
1 杨浩晨：复旦大学新闻学院博士研究生。
2 潘霁：复旦大学信息与传播研究中心研究员，新闻学院教授、博士生导师。

引 言

当论及城市时,我们指的是什么?

"城市化"已经成为社会现代性的一种重要表征,即完成了日常经验层面的常识化和社会科学领域研究的概念化:前者将城市视为一种日常生活方式,而后者则从行政、地理、政治经济权力等不同角度出发,将城市视为节点,并将它置于城乡二元对立格局中加以探析。事实上,当常识和概念的表象假定了城市的内在逻辑时,我们已不自觉地陷入"不识庐山真面目,只缘身在此山中"的思维境况:将城市作为一种不言自明之物,实际上是把城市自身假定为可能性本身的条件,同时对它何以产生、具有何种意义不作任何的解释。这种对城市的常识化理解所产生的症候,直观地表现为机械的城市规划观;或将其局限于城市基础设施实体的改造,服膺于产业经济、贸易金融等领域指派给城市的具体功能。

因而对于城市的考察,其首要便在于将它从常识领域中剥离开,视其为一种经运作生成之"产物",进而探讨"城市"的意义如何被建构出来。基于这一逻辑,本文意在从媒介视角入手,探究构成城市意义的各类关联,在此基础上观照数字城市在规划中的延伸进路。

一、"再发现"城市——都市空间的意义隐喻

城市规划在于对城市空间的资源进行统筹配置进而实现城市的发展目标[1]。在这一过程中,规划者着眼于城市整体和局部的时空结构,运用地理测绘系统、统计分析软件等一系列手段对其加以分析和优化,力图弥合城市现有设施服务与居民需求的冲突。这一"约定俗称"的规划概念事实上以一种物质性的城市观为先在前提,即视城市为物质资源的集合体。由此出发,规划的要义即在于对它的管理与再利用。在这里,城市规划与沟通密切勾连在了一起。从城市空间的缘起来看,无论如何回溯城市的起源,它都必然落脚于人类的聚集——人类的实际生存需要把各类群体聚拢到一个共同的生活环境

中[2]8。而从城市规划实践来看，一切资源调动与分配本身即是沟通。不仅如此，城市规划所致力于解决的矛盾冲突亦产生于城市居民及其与周遭环境的交往沟通，其最终的解决方案也落脚于城市沟通。换言之，城市规划乃至于城市本身无不建立在沟通——意义的生成与流动上。沿此逻辑我们得以将"城市"由常识转化为问题：如何基于沟通来理解城市，多种形态的沟通又何以可能？

（一）城市如何显现：人的尺度与技术尺度

当我们视城市为沟通的产物时，首先就需要明确在何种意义上言说"沟通"，据此令城市的意涵显现出来。沟通的不同位面构成了城市的不同尺度。其中，以人为标准构成了城市规划最显性的尺度。作为交流与互动的主体，城市本身及其所衍生出的一切结构无不是人类特性的表现形式[3]4。对于城市的规划者而言，人的经验构成了其统筹并配置资源的参照系。

人如何成为城市的尺度？其意旨根植于"城市"的空间生产中。在其对马克思主义的批判继承中，亨利·列斐伏尔（Henri Lefebvre）将空间生产划分为两个位面：一是空间的生产，它指向支配其中一切实践活动的组织结构；二是空间中的生产，它是对这些实践的碎片化描述[4]18-19。在空间生产的层面上，我们必须回归城市自身的形成——没有人的聚集，就没有城市。正如列斐伏尔以他笔下的空间指涉一种超拔于实体场所之上的权力运作，此处聚集亦不囿于纯粹物理意义的聚合，而是意指城市作为一种群体组织，其秩序的形成。就此而言，城市的"胚胎构造"早在城市物质实体形成前就已发轫于乡村社区的长老会议中[2]19。

城市形成过程中与人群一道聚集的是商品制造业。工业生产和贸易集散的功能集中使其区别于其他地域，并据此重新定义了"社区"，进而以它为主要单位建构出了城市概念[5]66。在聚集过程中，人连同其生活经验被不断整合进城市的空间生产，不断为它注入新的内涵。"乡"之于中国古代社会意义的嬗变即是一种重要表征：在数代人口被"整理"进城市体系的漫漫进程中，"乡"由地理归属感意味浓厚的情感寄托成为县之下的行政区划[6]15。对于城市规划来说，这种秩序的意义在于形成了其实践认识论，即人们对资源配置所持的价值评判体系[7]。例如殷人敬侍鬼神并以"四方"[1]为沟通神界的基本方式。他们也正是将建筑规划的基本格局建立在"四方"的基础上，如北宗、东寝、南门等[8]61。而当理性精神代替神权成为人们的主要信仰时，伴随着主（人）—客（物）的二元模式而来的是现代主义建筑构成学方法指导下的城市功能分区。人们的生存境况的演进正是深刻居于这一认识论的嬗变中。由此可见，城市规划在为空间生产的秩序所规定的同时又引导着空间中具体的生产实践——规划的具体形式直接关乎着人们切身的生存经验。但这并非说个体的切身经验是为规划所"丈量"规定的存在：个体的行为经验时刻处在变动中，以寻求在城市环境中的自适应。经验在流动中的叠加汇聚又促成了规划的产生——意在使个体之于城市的自适应更快达到总体最优。人正是在这一意义上成为城市的尺度：它在空间生产的层面界定着城市规划的具体形式，又在空间中的生产层面以经验为出发点将其抽象成为理念并上升至结构和秩序的层面。

当将城市作为一个发展中的概念，置其于文明发展史纵深视角时，其第二条路径浮现了出来：城市是技术的城市。技术应人们改造周遭环境的生活冲动而不断形塑着人们在城市中的生产和生活方式。一方面，技术决定着城市规划的具体手段，这意味着一切规划都是立足于技术水平的调试；另一方面，技术是城市存在与发展的印证：技术与工具的应用痕迹证实了城市雏形，即原始聚落的产生，技术的迭代对应着信息方式的更新，进而不断改造着上述人的尺度[9]。

我们又在何种意义上将技术作为城市的尺度？若仅视技术为一系列具体的物质资源配置方式，那么它依附机器并被严格限定在工业领域。然而当我们环顾城市生活时不难发现自己事实上身处技术的"环抱"中：从数字地图对城市道路的实时导航到二维码在衣食住行各领域的全方位嵌入时刻提醒我们，作为一种生活方式的城市是技术的产物。如埃吕尔（Ellul）所言，"技术已经接管了人类所有的活动，而不仅仅是他的生产活动"[10]4。更重要的是，技术之于城市生活的"接管"绝非数字时代独有，而是根植于城市本身。技术赖以改

---

1 "方"于此处ငdesign指疆域界限，而四方不仅包括东西南北四个方向，还分别与四风、风神相关联。商代以四方为基本参照举行祭祀活动并建构出一套完整的宇宙观。

变人类文明的关键机器不在于蒸汽机而在于时钟[11]15。

换言之，技术不啻于充当人们改造周遭环境并在物理上建构城市的工具，而始终形塑着城市一切要素的组合。城市规划要义即在将技术的作用转化为可知可感的实在——城市空间正是由此被建构了出来。由此来看，长期萦绕于城市规划领域的二元对立，即以机器自动化为基本驱动力量、以格式化为基本操作办法的无机城市形态与主张从生活领域出发发展出城市结构的有机城市观之间的二分法，实则源于技术中性观遮蔽。技术之于规划理念而言并不在于它是否介入"有机"的生活领域——人本身就是一种技术性的存在[12]71——而是在于以何种程度使人们认知城市。换言之，城市是人向自然、向世界自我表达所"书写"出的文本；而技术则通过规定出这一书写动作的程序语言和运行逻辑而将城市的意义显现于其生活的每一部分，它正是如此构成了城市的尺度。

（二）城市作为一种关系隐喻的发现

从人的行动着眼审视城市，可发现城市可作为一种被"再组织"的群体赖以成立和运转的结构；而技术的作用则居于经验流动之下、内嵌于城市生活，时刻规定着人们书写城市意涵的具体方式。这两重维度深刻居于人们的城市生活中，而人们于其间的交流互动又无时无刻不彰显着它们的存在。"尺度"的意义由此而显现出来，它意在将"城市"不言自明的常识领域挖掘出来，使其成为被建构的概念。

正是在这样的视界下，显现于规划者认识中的城市已不再囿于实体空间，而是其不可见的运作逻辑。仅强调实体构成的城市观是功能理性的产物，根植于现代性这一特定叙事中。工业革命之于社会形态的整体"再造"与实证科学的兴起在文明史中划分出了前现代与现代两个阶段，并促成了城市在数量和规模上的爆炸性增长，以致"城市化"被视作现代性的一种表征——城市被视为"增加人类在世界中份额"的运动。而这种进攻性亦根植于城市规划的理念中：一切对城市的认识都是基于追求"结构上的动态稳定"，并据此不断扩大主体可控范围[13]5-7。由此，功能在城市观里便被自然地抬到了一种近乎"神圣"的高度——功能之外的要素被粗暴地抽离，它决定着平面排布、空间格局以及人流走向等[14]7。由此，规划的意涵无出于物的组合、分解和装配之右。但人和技术两重尺度所呈现的不可见的城市已然证实城市实体不应成为规划者认知中城市的全部意涵，城市的功能亦不应成为城市规划的唯一依据。尤其在人们越发希冀置身"活生生的，能呼吸、会说话、有应答的富有'魅力'的世界"的当下[15]45，实体之间，作为意义生发的城市越发值得关注。

当言及城市作为一种超拔于实体的意义时，我们事实上已经将它作为隐喻（metaphor）。隐喻指向一种语义结构，即以特定的指代物"携带"其对象自身的复杂特征从而使其具有表现力[16]6。当中世纪时期德国农奴感叹"城市的空气使人自由（Stadt Luft macht frei）"时，城市意指着的是保障逃亡农奴于城市环境生活一百零一天后即获得人身自由的法律保障及其背后的商品经济与雇工关系[3]12。这种隐喻的城市弥散于实体城市"可见"的演进历史中，并在上文所言二重尺度之下呈现不同偏向：作为生活方式的城市和作为技术形塑产物的城市。"我们的生活，是以喻说中引申出的意义为基础的"[17]，而尺度则横亘于抽象概念与生活经验之间，使我们得以站在在地经验发现和理解前者。换言之，隐喻落脚于认知本身，而尺度则提供认知的路径。对于城市规划而言，城市的显现与存有于此得以被区分——如何显现（express）与如何存有（being）相互关联却不可等同视之。城市作为隐喻的意义恍若无处可在，事实上却又无处不在。

一种无处不在的城市隐喻必将我们引向关注"关系"：从日常经验出发，我们在基于交流互动所建立的关系中建立对城市的知觉经验；人与技术作为城市尺度都离不开重重关系勾连。城市本身即是人—世界关系的表达。三个层面关系的意涵各异，但它们无不最终指向一种无时不处在联结中的状态：只有关系的相互联结，才赋予了城市以意义。城市的一切规划都是从关系中得以成立、得以实现。借由关系的隐喻，我们实际上已将城市建立在了超越人—物（技术）主客二分的中间位置上。为此，我们事实上又必然要超越这人或技术尺度所映射的二分法：人的主体性屈从于技术，或技术被中性化，仿佛主体性是凭空而来，不言自明。当城市作为关系的隐喻显示出来时，我们得以认识到它才是"那个在连接软件和硬件时不用摆威权架子就具有权威的人"[18]18。

二、作为媒介的城市

当我们发现城市作为一种关系建构之隐喻时,已为考察城市的意涵引入了媒介的维度。如何理解这种维度,它又如何超越主—客的二元对立并将人与技术二者耦合于内?这需要我们回归"城市作为产物"这一基本观念的预设,即城市是在沟通中催生出来的。

无论从何种视角出发理解城市都无法回避这一事实:当芝加哥学派的研究者声称社会在传播中存在时,所强调的是社会个体的交流互动;即便以技术为维观照城市,亦无法回避它介入城市生活,促成交流的作用。一切关系正是在交往沟通中显现。"沟通"将人与非人行动者统合在内,并由关系的建立为基本形式将城市意涵建构出来——沟通是从中介关系视角而非原子式个体或社会结构的视角来建构城市。故城市即媒介。

(一)城市即媒介:一种内在性的途径

关系建构深刻地塑造城市空间,形成城市生活。而媒介运作指向并规定这些关系生成方式——城市正是在这一意义上成为媒介。当我们在隐喻层面上将媒介与城市关联起来时,媒介绝非是电视、手机等媒介物实体的简单类比,而是一种抽象化的媒介性意涵,即"能在二元对立间斡旋调节的一种深刻、普世概念的运作"[19]IX。作为媒介的城市并非囿于对它发挥何种具体功能的说明,而是对它如何发挥功能的一般性规定。正是这种规定将媒介与作为隐喻的城市——诸多意指着"城市",即我们认知中的城市意义之关系的建构关联在了一起,"媒介决定讯息的性质,(它所生产的)关系超越了人的本身"[18]6。由此出发,我们应当如何理解这种作为媒介的城市?具体而言,构成"城市"的关系是什么?它们又是如何生产出来的?

媒介性是城市关系建构意涵的抽象说明,但是不应在形而上学层面将媒介学视为"一",进而规定或建构城市作为某种本体或作为它本身的东西。"预先假定一个对象再给它添加一个认识方法是困难的。"[20]12欲阐明城市媒介性,实应反其道行之,着眼城市何以成为媒介。"媒介性解决了何谓媒介的普遍性问题，但这并不意味着每一媒介都是等同的。媒介中介化实践千差万别。"[21]城市的关系建构实践构成了它的媒介意涵，从而使之成为媒介。此即一种作为内在性的媒介性：内在性是事物实现它充分的、自我反身的表达方式[22]58。在城市"自我反身"的表达中，实际上有两个层面关系被建构出来。其一是城市概念之于其居民的存有的证实，其二是居民之于城市之感知方式的建立及其基于这些知觉经验将城市组织、架构起来的方式。两个层面关系建构对应两重隐喻，以内在性方式刻画出城市媒介性。

其中，第一层关系建构是"墙"的隐喻对城市界限的奠立。其意义在于区分——通过区分城市与非城市在人们的认知中建构城市概念。如果说"城市"概念的最终形成有赖于各种关系的建构，那么边界建立则是这一系列具体关系建构的前提。换言之，它为城市一切意义的产生与呈现提供了一个"存储空间"。"墙"的隐喻不能与物理意义上的城墙等而视之。城墙的设置与否不能与城市的存在等同起来，但城市的存在却必然依存于"墙"的界限隐喻。当墙被视作执行军事防御功能的屏障时，它仅是封建时代所独有的一种建筑物。仅当它标记归属之象征意义显现出来时，它得以成为城市的"标志"。换言之，城墙承载的是防护屏障的现实功能，而"墙"的隐喻从事的则是认知层面的关系建构。当芒福德基于对各种城市文明形态的考察而论说"密集，人众，包围成圆的城墙，这些只是城市的偶然性特征，而不是它的本质性特征"时[2]91，他试图寻求的是一种在考古学意义上意指城市之存在的必然表征。但是从关系建构的角度而言，当芒福德所列举的这些要素使时人充分意识到自身处在城市环境中时，其事实上就通过区分的功能证实了城市的必然存在。与此，这种隐喻的媒介性即表现了出来：它为城市相关的一切实践的明确的容器（vessel），如同彼得斯所言之"培养基"（culture），"为各种生命形式提供栖居之地，也能催生各种其他的媒介"[23]3。"墙"的隐喻在古希腊时期表现为白色大理石质地的中心广场，它通过向人们提示着城市特有的公民讨论会的召开而将自身与乡野区分开来："它们的运作方式相似；所有的聚会都按照既定的仪式进行，以至在范围、举止、发言方式和做决定的条件方面产生了某种统一性。"[24]20在古代中国，城郭构造承担起了类似的功能：城垣的数量、城门的规模装潢向人们显示的不仅是城市的所在，同时还有它在整个都市体系中所处的地位[6]9-10。这一系列的"墙"隐喻为我们建造并呈现出了一个可知的城市空间,可供我们于此书写关于城市的观念和意义。"墙"的隐喻通过区分城市与其他地域为人们提供的实际上是一种关于城市空间的想象方式,即列斐伏尔所言之在观念层面搭建的空间的表征[25]33。它缘起于人类精神或认知形式对于自身外部环境与内心世界"空间性"的深思熟虑[26]12-13。

由此引出城市媒介性第二个问题:人们识别城市空间后与它建立了何种关联,这一表征空间如何被建构出来?这关乎由"墙"划分出的"存储空间"中的诸元素组合、交互的基本结构。齐美尔笔下的"桥"与"门"恰如其分地充当着此关系建构的隐喻。桥使处于区隔状态的两岸得以统一,但又在这种统一中不断提示着它们是两岸而非真正意义上的一体,而"门以其较为明显的方式表明,分离和统一只是同一行为两个方面"。[27]4帕克等人所致力于探析的"社区"正是这样的意义:"每一个地区的生活都在发展中形成自身有纪念意义的事物,并且同周围环境的生活与利益多少保持自身的独立性。"[3]5在市政地图上,社区作为一个行政概念"人为"划分出生活环境并以路标图示将它们区隔开来,同时又通过共同的隶属关系将它们相互联结。但对于城市中的个体而言,这种区隔与联结的意义迥然相异。"社区"作为一种与城市环境建立知觉经验的具体方式,形塑着个体的城市生活:特定的社区在为个体嫁接起一种感知城市的可能性时,事实上亦关闭了其他可能,此即它作为"桥"的意义。与此同时,它作为工作环境与生活环境之间的一道"门"在个体身上划分出两个基本位面,并使其在这两个位面之间往复转换。社区作为"桥"与"门"使个体之于城市得到了锚定,进而促成他们与其所处环境建立关联并得以"为其所能为"。在这里,它的媒介性得到了显现:桥与门之于城市而言既是使个体与其产生关联的媒介,亦是联结着个体与作为实在的城市诸情境的媒介。

"媒介所中介的东西不能没有中介而存在。"[28]216如果说城市的居民个体构成了它的最小单元,那么这种媒介隐喻即通过弥散、遍布每一个体的日常生活,构成城市赖以被建构出来的基本结构。对于城市规划的具体实践而言,从店铺标牌的设计与安放到城中村改造的拆与留,绝非纯粹意义上的美学设计问题,更非经济学意义上的理性可以完全涵盖。当规划者以效率优先,致力于实现城市在功能层面的统合时,必然最终导向斯宾格勒所言之城市的衰败:"为了它那壮丽的演进的需要，它首先牺牲了其创造者的血液和心灵，然后，为了适应文明的精神，它又牺牲了这一成长的最后花朵。"[29]95 因而，当"螺蛳壳里做道场"作为城市个体的普遍生活方式和都市经验基底时，规划的意义不在于以物理手段打破或黏合"螺蛳壳"，而是在于不断更新个体"道场"的意义。媒介城市的视角弥补了规划理念与在地经验之间的鸿沟，就好像译者一样介于两者之间，它体现为意义和表达而非仅仅是物理力量。

（二）主体、技术与物质耦合"媒介城市"

"墙"或是"桥"与"门"作为一种关系建构的隐喻，构成了城市的意涵。这两重隐喻并非附属于城市概念，而构成城市本身。在前者的意义上通过将自身同其他环境区分开来向人们彰显了城市的存在并为人们提供了一种名为"城市"的意义空间，而后者在此基础上通过规定个体之于城市建立知觉经验的方式建构了城市作为生活方式的意涵。城市作为一种媒介不仅将城市空间中的个体与城市联结起来，其生产出的经验和关系远远超出了城市本身的含义。此间，城市作为一种隐喻以一种内在性方式证实了自身的媒介性。沿此逻辑出发，我们进一步审视这种作为媒介的城市的意义所在：媒介研究"（最终致力于阐释的）并不限于话语的产生、结构和内容，而是位于下方的话语的作用"[18]8。这种意义落脚于城市运作底层逻辑。作为媒介的城市"将不同的元素组合在一起，并且将其他的元素转化为媒介"[30]。什么元素被纳入这一"转化"进程，又是如何进行的？

彼得斯以"家园"形容媒介之于人的意义，并指出"媒介研究也因此称为某种形式的哲学人类学，它是对人类境况的沉思"[23]14。当我们视城市为媒介时，它亦是一种"家园"——城市作为在人群、物体和符号技术等要素间建构诸关系的隐喻，而城市的居民即是这些关系的直接感受者。更为重要的是，人的主体性正是建立在此类复杂关系的基础上："主体意识是从感性和知觉的世界的存在反思过来的，并且本质上是从他物的回归。"[31]116 换言之，借由与城市其他要素关系的建立及其之于这些关系的感知，人方得以成为城市建构的主体。

而技术作为"由一切可用资源来实现特定目标的标准化手段"，其意义在于不断以"新的方式"驱使城市一切要素的运作"合理地达到绝对效率"[10]X。数字技术的迅猛发展以自身的演进使人们之于城市的感知日趋精密复杂多元。虚拟占比越多,我们越不能忽视城市的物质属性:物质城市固然并非城市全部意涵,但它确实构成了"媒介城市"运转中的关键要素:城市的物质基础承载数字媒介运作的"最后一步",规定人们的城市感知。数字技术与物质条件的勾连耦合,拓展了媒介城市在今时的意涵。

三、"媒介城市"的数字延伸

"媒介城市"的城市观使我们透过空间生产,关注种种关系建构。不仅如此,它通过将城市要素纳入媒介运作系统形成一种跳脱人类中心主义和主客二分法的城市发展史观。城市作为媒介不断调和斡旋着主体、技术与物质的三元关系,城市于此间生生不息。在这一系统中,"任何主体在适应上所做的努力都是为了适应别的适应性主体"[32]5。由这种史观出发,我们得以观照媒介城市的延伸进路。

数字化铺就了人类文明的演进之路并构成了当前人们的基本生存方式。智能化机械设备和移动互联网的深度结合使一切实存都能够被"彻底夷平"为二进制的数字代码,并由此形成了一个无所不包又无处不在的虚拟世界。城市及其一切要素亦被这一数字化趋向包含在内,这不仅意味着媒介城市之于人、技术与物质的"可计算化"转译得以空前直观地进行,还为城市规划带来了新的命题,即如何理解数字化之于城市的意义进而据此建立新的适应性。

(一)数字城市媒介运作的变迁

理解数字化对城市的意义,首要在于对"数字化"本身作出界定。若仅将它视作一系列资源配置手段的集合时,它的意义无非是为规划者提供了数套设计工具平台而已。当且仅当我们将其置于媒介城市这一隐喻着关系建构的城市观中,方得以发现数字化并非仅是新的规划手段使城市的实体基础设施得到了更新,而是以一种无时不在、无处不在的存在方式使自身成为城市的基础设施。早在规划设计的蓝图阶段,数字化就已然以一种"在手"的状态居于其间并"缄默地"发挥作用：多源数据集成、数据格式的标准化和数据的动态可视化更新了规划的意义——使之由将来时或完成状态进化为动态进行时。对于数字城市的居民而言，数字化的意义更为显著：人们在城市中的生存状态逐渐形成了在地（物理空间）、在线（虚拟空间）的融通。由此，我们意识到基特勒的论断"我们的协作工具也参与了我们的思维进程"[33]233即是数字化之于城市的意义所在。它在"思维进程"中的参与意味着对我们感知城市、与城市建立关系的方式改变，换言之，数字化城市的实质即是一套以虚拟的数据或代码为基本表征、以数据的流通和处理为动能的媒介性运作机制。

城市的媒介性——证实城市的存在和城市空间的表征——架构人们的生活方式运作，数字化也正是通过作用于这两个层面实现了对它的更新。对于城市之于自身存在的证实而言，当数字化凭借其空前强大的抽象化力量将一切存在一视同仁地转化为虚拟代码时事实上取消了"纪念物的优先性"。一切物质性和非物质性意指城市的纪念物在表征符号层面失去了显著性，并被强制地纳入一套被切分、过滤并重新诠释的符号系统："它并非存于外观的秩序中，而是存在于象征性的拟真秩序中。"[34]192如果城市通过"墙"的隐喻标记出自身在世界的位置进而宣示自身存在，那么"墙"在数字化时代不再是静止矗立、供人朝觐的纪念物，而是于在线在地结合的意义生成实践中不断得到延伸和充实。城市正由此得到了自我证实。以短视频为例，"软件编码平台和个人共同创生多种实时变化，勾连线上线下的媒介实践，短视频图像与砖瓦建筑意象间发生复杂糅合"，不断为城市这个概念注入新的意义[35]。在这一意义实践中，人们感知城市、书写城市的基本方式亦为数字化所重塑：个体感官接入城市的有限性制造出了感知的差异，进而划分出了不同的城市情境和不同的生活状态。数字化则极尽其所能将人们物理诸感官乃至精神世界接入城市空间的虚拟化身，将个体对城市的接入塑造为"永恒拥抱"。"桥"与"门"由兼具开放与闭合功能的枢纽转换为计算网络中的"神经元"。媒介城市正是在这样一种始终在线的状态下不遗余力地消解一切区隔，为人们对城市空间的表征提供源源不断的可能。

城市媒介运作的嬗变不仅分别作用于城市空间生成和空间表征，它还深刻地改变了二者间的逻辑关联。当城市的存在是由人们之于城市的感知和书写而得到证实时,空间的生产促成空间中的生产这一逻辑已被改写。与其说城市空间表征反过来促成了城市空间的生成,不如说二者不再具有线性先后关系,而是"平行"共存于虚拟空间。这种运作方式的转移蜕自表意方式的改变:原先表征与被表征物的对应结构被打破,在虚拟代码的运作中,城市的自我表达"没有中轴,没有统一的源点,没有固定的生长取向,而只有一个多产的、无序的、多样化的生长系统"[36]13。正是在这一意义上,数字化深刻地规定了媒介城市的存在和运作。

(二)数字城市的动因:普遍的可计算性

当数字化作为城市的基本存在方式规定了它的运作方式时,它对于城市规划者而言就不能被简单视为以计算机为载体、以数字符码和模型为基本操作的工具系统。贯穿于数据的键入、存储与流通之间的是一种"语言"(language)。语言标识出在具体经验中"不断浮现的全新惯例"和"反复出现的设计样式"[37]14。它是一种适用于一切具体媒介城市运作的普遍法则——既不局限于5G移动通信、区块链等特定"数字技术",亦不能等同自动化、智能化等数字城市具体特征。这些具体功能组织起来、构成数字城市生活体验的动因。

"一切都是可计算的"[38]正是对这一基本动因的说明。何为计算?这一动作实际上包含着两个动作:一是转译,二是整理。前者将计算对象转化为可供存储和处理的数学语言,后者则在此基础上将其整合为人能够识别、理解的意义。当基特勒言及城市可以计算任何事物时,他揭示的事实是城市是一个由命令、地址和数据编织而成的网络,它不仅能够存储和记录信息,更拥有处理信息的能力。而数字化不啻使这种计算能力得到量的提升和强化,更是质的规定:它将可供计算的范围由当时当地的现实经验扩展到了真正意义上的城市整体,把心理联想连同知觉体验一并纳入计算系统,实现了一种普遍的可计算性。具体来说,当城市的一切历史记忆以"超链接"的方式植入日常生活场景时,城市的可计算性并非仅是在量变的意义上使它的"历史深度"坍缩至比特层面的数字符号。事实上,城市历史中的一切要素经由这种计算便发生了"态变":由图文和影像中绵延的线性形式转化为了超现实的空间漫游。而在与这些超链接的交互中,"联想"这一人最核心的心理过程完成了客体化。不可见的城市想象成为可见、可感、可知的实在,并汇入了"城市"这一整体的意义之流。

可计算性既是数字化为城市运作植入的基本语言,亦是城市演进的要求。当"媒介城市"要将人、技术和物质连接纳入"关系建构"运作机制时,它要不断致力于使这些元素"可供计算"并在运算对象的层面上被等而视之。转译作为计算的第一步,决定着人、技术与物质等要素能够在何种程度上被计算,以及这一计算呈现出什么。呈现的同时亦给出了对它的限定:它在整个城市的意义之流中截取出一种最大化可能,同时遮蔽了其他可能。具体言之,"转译"城市,实则产生可能性区间:它意指人借由各感官与城市诸情境建立关系,并依照特定的比例达成平衡,我们对城市的感知与想象亦被这种比例与平衡所制约。而数字化之于媒介城市的意义则在于通过普遍的可计算性取消了城市呈现的限制。"代码不是展现了城市,而是积极参与其中、操纵并创造现实。"[39]VIII 然而,由数字化语言书写出的城市并不是一个与物质实体相对的"虚拟之城",它并非取代原先交互方式后建立起的直接关系,而是借由普遍的可计算性——介入其中,规定了人、物质诸要素之间交互进而建立关系的方式:"字母在哪里,主体就在哪里。"[40]52 这些要素根据数字化的语言为城市概念注入具体意义,以这一过程证实它们在城市的存在,同时亦使自动成为计算系统各个节点的特征,产生出建构新的关系的无限可能。媒介城市正是由此在数字化的计算系统中得到了延伸。

(三)虚实共生:媒介城市的物质性递归

"媒介形式过渡时,像政权交替一样,有两个阶段:先是效忠,随后便排挤……因而摄影不是次级的绘画。同样,电视也不是缩小的电影,而是另一种图像。"[20]248 将数字城市置于城市发展史视野考察,意义正在于此:媒介城市的演进既是延续的——据"可计算性"在运算系统从事人及城市各要素的关系建构,亦是断裂的——数字化作为一种语言重新规定了这些关系建构的逻辑。如果说普遍的"可计算性"构成了数字媒介城市运作的基本动因,那么这种计算导向什么?城市规划者又当如何审视数字城市的未来进路?

数字化作为一种新的媒介运作语言，通过二进制代码将一切意义包含在内的转化力量使城市空间的生产真正进入"一个由模型、符码和控制论所支配的信息与符号时代"[41]15。"将一切意义生产指向当下"正是其运作逻辑。数字化与先前媒介形式的关系正源于此：它使一切旧有媒介形式成为了它的内容。具体而言，一切感知城市并与之建构诠释关系的方式无不借由"在线"方式内含于虚拟空间内。以数字导航为例，电子地图使我们对道路的形状与走向、交通路况乃至全景样貌一览无遗。这是否意味着数字化所形成的吞噬历史深度的意义黑洞是媒介城市的可计算性的终点，我们之于城市的感知与理解是否沿着"脱实向虚"的路径一往无前？

数字化"再媒介化"非意义被基特勒称之为"递归（recursion）"，即某一媒介技术的产生会影响其原初媒介的演化发展。他正是在这一意义上声称"数字化的技术媒介将抹杀传统意义上的媒介概念"[33]2。由此观之，在数字环境这一由二进制代码组成的意义黑洞中，城市的实体物质必然要诉诸虚拟方能寻得意义。事实上，媒介城市的递归并不能与"脱实向虚"画上等号——且不谈虚拟代码运作成立要义在于"在线"，而这一虚拟空间的实存依然依赖物质基础，即智能移动设备和通信装置——一旦言及媒介城市的所谓"脱实向虚"，即在不经意间落入虚实二元对立的陷阱。更重要的是，数字化环境下虚拟代码的运作归根到底仅是人们感知理解城市的方式，它并非人们与城市建立的诠释关系本身。虚拟作为城市的一种呈现方式，并非意在超拔于物质性实存之上，形成一种电子乌托邦式的"超现实"。相反，虚拟代码的运作深刻沉淀于实体城市。数字化并非将我们对城市的感知理解全然纳入二进制逻辑，而是将物质资源的配置建立在这一"元逻辑"上进而作用于城市空间。此即城市物质性的递归：媒介城市的物质基础并未烟消云散，而是于虚拟代码的运作中无比真实地存有；数字城市的运作遮蔽了城市物质性的可见，并使其在我们的城市经验中变得透明。一旦城市的物质基础停止运作，虚拟空间对城市居民的"永恒拥抱"当即断联。

据此，对城市规划而言，既不应将数字化"矮化"为资源调配的具体手段，亦不应将它拔高到形塑城市一切要素的地位，而应将对城市认识和理解锚定于交往和关系建构的复杂动态。如同函数方程不能离开坐标系发挥作用，数字化的抽象力量亦无法脱离城市的媒介性运作而对其中要素施加作用。正是在虚实共生的递归关系中，我们避免陷入人类中心主义的优越感或技术乌托邦的陷阱，从城市的媒介性运作中寻求人、技术与物质要素协作共创的规划蓝图。

参考文献

[1] 王德，胡杨.城市时空行为规划：概念、框架与展望[J].城市规划学刊，2022（1）：44-50.
[2] 刘易斯·芒福德.城市发展史——起源、演变和前景[M].倪文彦，宋俊岭，译.北京：中国建筑工业出版社，2005.
[3] R.E.帕克.城市：对于开展城市环境中人类行为研究的几点意见[M]//城市社会学.宋俊岭，等，译.北京：华夏出版社，1987.
[4] 亨利·列斐伏尔.空间与政治[M].2版.李春，译.上海：上海人民出版社，2008.
[5] R.D.麦肯齐.人类社区研究的生态学方法[M]//城市社会学.宋俊岭，等，译.北京：华夏出版社，1987.
[6] 斯波义信.中国都市史[M].布合，译.北京：北京大学出版社，2013.
[7] 赵梅红.城市规划思想演进的哲学谱系及辩证逻辑[J].规划师，2022（8）：146-152.
[8] 王爱和.中国古代宇宙观与政治文化[M].金蕾，徐峰，译校.上海：上海古籍出版社，2011.
[9] 孙玮，李梦颖.打破"人的尺度"：可编程城市的媒介文明[J].新闻与写作，2022（9）：5-15.
[10] ELLUL J. The technology society[M]. John Wilknson trans. New York: Vintage Books, 1964.
[11] 刘易斯·芒福德.技术与文明[M].陈允明，等，译.北京：中国建筑工业出版社，2009.
[12] 贝尔纳·斯蒂格勒.意外地哲学思考：与埃利·杜灵访谈[M].许煜，译.上海：上海社会科学院出版社，2018.
[13] ROSA H. The uncontrollability of the world[M].Cambridge: Polity Press, 2020.
[14] 布鲁诺·赛维.现代建筑语言[M].席云平，王虹，译.北京：中国建筑工业出版社，1986.
[15] ROSA H. The good life beyond growth[M]. New York: Routledge, 2018.
[16] HAWKES T. Metaphor[M]. New York: Routledge, Taylor & Francis Group, 2018.
[17] 乔治·莱考夫，马克·约翰逊.我们赖以生存的隐喻[M].何文忠，译.杭州：浙江大学出版社，2015.
[18] 雷吉斯·德布雷.媒介学宣言[M].黄春柳，译.南京：南京大学出版社，2016.
[19] W.J.T.米歇尔，马克·B.N.汉森.媒介研究批评术语集[M].肖腊梅，胡晓华，译.南京：南京大学出版社，2019.
[20] 雷吉斯·德布雷.图像的生与死——西方观念史[M].黄迅余，黄建华，译.上海：华东师范大学出版社，2014.
[21] 孙玮.城市的媒介性——兼论数字时代的媒介观[J].南京社会科学，2022（7）：103-110，130.
[22] 胡翼青.显现的实体抑或关系的隐喻：传播学媒介观的两条脉络[J].中国地质大学学报（社会科学版），2018（2）：147-154.

［23］约翰·彼得斯.奇云：媒介即存有［M］.邓建国,译.上海：复旦大学出版社,2020.
［24］克琳娜·库蕾.古希腊的交流［M］.邓丽丹,译.桂林：广西师范大学出版社,2005
［25］LEVEBVRE H. The production of space［M］. Oxford: Blackwell, 1991.
［26］爱德华·索亚.第三空间：去往洛杉矶和其他真实和想象地方的旅程［M］.陆扬,等,译.上海：上海教育出版社,2005.
［27］格奥尔格·齐美尔.桥与门——齐美尔随笔集［M］.涯鸿,等,译.上海：生活·读书·新知三联书店,1991.
［28］马丁·塞尔.实在的传媒和传媒的实在［M］//西皮尔·克莱默尔.传媒、计算机、实在性——真实性表象和新传媒.孙和平,译.北京：中国社会科学出版社,2008.
［29］奥斯瓦尔德·斯宾格勒.西方的没落（第二卷）［M］.吴琼,译.上海：生活·读书·新知三联书店,2006.
［30］胡翼青,马新瑶.作为媒介性的可供性：基于媒介本体论的考察［J］.新闻记者,2022（1）：66-76.
［31］弗里德里希·黑格尔.精神现象学［M］.贺麟,王玖兴,译.北京：商务印书馆,1979.
［32］约翰·霍兰.隐秩序——适应性造就复杂性［M］.周晓牧,韩晖,译.上海：上海科技教育出版社,2000.
［33］弗里德里希·基特勒.留声机 电影 打字机［M］.邢春丽,译.上海：复旦大学出版社,2017.
［34］让·鲍德里亚.生产之镜［M］.仰海峰,译.北京：中央编译出版社,2008.
［35］潘霁.作为媒介研究方法的空间［J］.南京社会科学,2022（5）：91-98.
［36］吉尔·德勒兹,菲利克斯·加塔利.资本主义与精神分裂：千高原［M］.姜宇辉,译.上海：上海书店出版社,2010.
［37］列夫·马诺维奇.新媒体的语言［M］.车琳,译.贵阳：贵州人民出版社,2020.
［38］弗里德里希·基特勒.城市,一种媒介［J］.文化研究,2013,13：255-268.
［39］DOURISH P. Where the Action is: The Foundations of Embodied Interaction［M］. Cambridge, MA: MIT Press, 2004.
［40］杰弗里·温斯洛普-扬.基特勒论媒介［M］.张昱辰,译.北京：中国传媒大学出版社,2019.
［41］道格拉斯·凯尔纳,斯蒂文·贝斯特.后现代理论［M］.张志斌,译.北京：中央编译出版社,1999.

Constructing Media Cities: A Conceptualization of Cities as Relational Metaphor

Abstract: City planning often targets the rational setting of various elements of physical space. However, urban space is not self-evident, as human experiences, their contacts and symbolic operations are constantly emerging from the operation of urban communication system. Accordingly, there are two different scales to considering urban construction: human practice and technological system. When questioning the generation dynamics of urban space and its representation, we actually have considered the city as a metaphor for relation-constructing. The mediality of cities is thus manifested. The operation of city's mediality marks the existence of the city itself and defines the form of citizens' perceptual experience, shaping their cognitive understanding of the city. By incorporating human, technological and material elements into mediality operation, citys construct new meanings in the coupling relationship among those three elements. The development of digital technology forces us to rethink the operation of mediated cities. We shall deeply examine the new conditions created by digital technology for cities' computability and emphasize mediated cities' materiality recursion in virtual space and their relation-constructing process, in order to grasping the development of city planning in the digital era from the perspective of media.

Key Words: City planning, Mediality, Relation-constructing, Metaphor

在地的流行：从曹县汉服看青年流行文化对县城地方性的建构

李玉婷[1]　袁　艳[2]

摘要：近年来，汉服作为青年流行文化推崇的服饰之一，已发展出百亿元级的市场规模。曹县汉服在其中占据三分之一。建立在地方性建构的理论基础之上，笔者通过线上线下民族志的研究方法深入了解曹县地方性和曹县汉服产业链，揭示青年汉服文化对曹县地方性的建构主要体现在四大方面：对实体空间的建构，表现在宏观、中观、微观三个维度空间的建构；媒介中对文化记忆的建构，表现在网络中建构地方想象，地方政府利用网络媒体宣传地方汉服品牌；社会关系中对交往记忆的建构，表现在曹县围绕汉服产业与地方内外的社会关系的互动；这种地方性的建构重构了曹县人新的地方感。本文为理解网络经济下地方与青年流行文化的关系提供一个切入口。

关键词：汉服文化；曹县；流行文化；地方性；全球—地方

---

[1] 李玉婷，华中科技大学新闻与信息传播学院硕士研究生。
[2] 袁艳，华中科技大学新闻与信息传播学院教授。

以往当人们谈论某种青年流行文化现象时，大多会默认它们属于"洋气"的都市，与"土气"的县城风马牛不相及。但是最近有一个现象打破了人们的刻板印象，那就是在"00后"群体中非常流行的汉服文化与一个原本名不见经传的山东县城——曹县——捆绑在一起。艾媒咨询《2022—2023年中国汉服产业现状及消费行为数据研究报告》显示：2015—2021年，中国汉服市场的总体规模实现了由1.9亿元到101.6亿元的显著提升，同比增长23.4%，2025年有望达到191.1亿元[1]。在汉服百亿元市场之中，曹县汉服占据三分之一的市场份额，100～300元的低价汉服几乎全部产自曹县。汉服的流行不仅创造了一个独特的服装市场，也带火了一个地方。网上一度流行起"北上广曹""宁要曹县一间房，不要上海一套房"这些戏谑的说法。

汉服与曹县的关联在现实中也许并非偶然。曹县在网上偶然走红的奇观效应折射的是人们以往关于"青年"和"流行"的地方偏向，即在"流行—落伍"二元对立的背后存在着"都市—乡村"空间排序。这一现象不禁让我们意识到，作为传播学研究的一个重要领域，青年流行文化研究虽然产生了丰富的成果，但以往的研究主要局限于消费领域，即使是讨论生产，也主要是符号性生产（比如对文本的另类解读和对某种商品意义的再生产等），较少有研究从物质生产的角度来理解青年流行文化的社会属性。似乎"流行"仅仅是一阵风，除了改变时尚和观念，并不会给实体空间和地方留下什么影响。一旦顺着物质的链条上溯到生产端，我们会发现每一种流行现象都物质地植根于具体的地方和空间，它们所涉及的商品生产过程都未必处于文化中心地带，而是更多地分布在像曹县这样的"小地方"。既然这样，我们在理解青年流行文化的社会意义时，就不能仅仅站在传统亚文化研究的范式下考察它如何与主流文化构成抵抗和合谋，而是要将之作为一种"地方制造"实践，考察它如何从物质和符号两个方面参与建构一个地方的景观和意义。那么，产生于中国网络经济条件下的青年汉服文化究竟如何以物质和生产的方式下沉到曹县这个地方，又如何参与当地的地方性建构呢？

一、全球地方感视野下的地方建构

在这个全球化时代，地方毋庸置疑会与更广大的世界有着经济、政治、文化等方面的真实关联，网络的发展与普及更是紧密了这种关联。不同于全球化会让地方变成同质空间的担忧，多琳·马西认为地方性反而在全球化的发展中得到建构与发展，她提出了一种进步的"全球地方感"，每个人的地方感可以被看作是社会关系和认知网络的一种联结态势，并且这些关系、经历和认识是建立在更大的尺度上，超过了我们所定义的地方本身，包含着与更广大世界相关联的意识，并且是以积极的方式将全球和地方整合起来[2]。在曹县发展地方汉服产业的过程中，网络媒介和电商经济建构了曹县地方性，向更广阔的外部世界延伸了曹县人的地方感，因此在研究曹县汉服的过程中，不能将研究视角局限在地方，而是要用一种"全球地方感"的视角去审视汉服流行文化对县城地方的影响，站在更大尺度上去研究地方产业，才能清楚看到县城在发展青年流行文化产业的过程中，流行文化作为外来文化如何与地方性进行融合，从而建构出进步的地方感。

曹县汉服产业的发展离不开地方此前的产业基础。一是殡葬业和寿衣行业的发展。当地盛产泡桐木，这种树木易燃烧、木质轻盈，满足了日本因严重老龄化带来的殡葬需求。曹县殡葬业的发展，带动了寿衣的生产，而寿衣的剪裁技艺和现代汉服制作工艺几乎相同，这也为曹县未来发展汉服制造业奠定了产业基础。二是当地丰富的电商经验。改革开放以来，菏泽市的发展受制于交通不便，再加上深厚的农业传统的路径依赖，经济发展水平一直无法提升，直到2013年借助农村电子商务，菏泽市的经济发展出现了转机。2016年，全村网店306家，演出服网络销售额高达6.5亿元。由一根网线连接的丁楼村，不仅形成了表演服饰生产与销售产业，还在形成从原材料辅料供应、产品设计创新到制版、裁剪、生产、销售、运营这样一个十分全面的产业格局，出现了非常专业化的分工协作[3]。

为了更清晰地了解青年流行文化对地方性的建构，需要对地方性和地方性建构进行了解。地方的两个主要核心概念是地方性和地方感，地方感关注人与地方之间的情感联结，这种内在情感体验与外在社会结构相联系，即是说地方感应在"地方性生产与构建"的结构化理论脉络中阐释[4]。地方性是地方在建构中突显出来的特殊性与意义。研究地方性建构之前，需要对地方性的构成进行划分，有学者将地方性属性划分为功能属性、物质属性和意义属性，还有学者通过梳理文献将地方性总结为四个方面：区位、实体空间、社会组织和网络、地方感。综合这些学者对于地方性构成的划分，本文将重点研究实体空间和符号意义这两大部分。

本文利用线上线下民族志展开调研，辅以观察和深度访谈。线上民族志从2021年1月开始，以了解曹县汉服在各大线上平台的网络呈现。电商平台以曹县汉服最常用的三个平台以1688、淘宝和拼多多为主；社交平台以快手、抖音和微信朋友圈为主。在电商平台上，主要关注各大商家的粉丝数、衣服售卖情况、商品展示和商品详情内容、评论和回复等；在社交平台上，主要关注各大商家的账号基本情况、运营情况、发布的具体内容、互动情况、各种运营数据、直播情况等。其中，由于抖音自身平台的复杂性，其不仅作为短视频平台还作为电商平台，许多汉服商家会选择在抖音进行直播卖货，因此笔者还参与了5场曹县汉服商家的直播活动。在这个过程中，由于新冠疫情、城市距离和个人学业的影响，前期开展线下民族志比较困难。笔者为了克服这一问题带来的影响，将线下调研分为两次进行。第一次前往曹县进行线下调研是在2022年2月22日—2月27日，选择的调研地点是曹县大集镇。该镇是全国最大的汉服生产基地，可以访谈的对象比较丰富。第二次调研时间是在2023年1月11日—1月14日，调研地点选择曹县县城和安蔡楼镇。实地调研了曹县县城的E裳小镇、曹县原创汉服基地和锦裳翰林阁博士工作室、安蔡楼镇的汉服一条街、汉服广场和汉服云仓直播基地，同时参观了多家曹县汉服商家的家庭式作坊和稍微具有一定产业规模的汉服商家的厂房，与近10位汉服商家进行采访。两次调研结束后，整理采访录音约3.5万字。本文大部分素材均来自线下民族志，还有少部分来自新闻报道、政府资料。

表1　曹县深度访谈的汉服商家名单

序号	编号	性别	店铺/职位	访谈日期
1	CXW001	男	曹县汉服摄影师	2022年1月14日
2	CXS002	女	曹县乐淘服饰商家	2022年2月23日
3	CXS003	男	山东起航服饰商家	2022年2月23日

续表

序号	编号	性别	店铺/职位	访谈日期
4	CXS004	男	曹县电商党群服务大楼商家	2022年2月24日
5	CXS006	女	德玛服饰商家	2022年2月24日
6	CXS005	女	司尚羽衣服饰商家	2022年2月25日
7	CXS007	男	何伟服饰商家	2023年1月12日
8	CXS008	女	海洋服饰商家	2023年1月12日
9	CXS009	男	顺达服饰商家	2023年1月13日
10	CXS0010	女	光宿原创汉服商家	2023年1月13日
11	CXS0011	女	曹县汉服原创产业基地商家	2023年1月14日
12	CXS0012	女	蝉佩原创汉服商家	2023年1月15日
13	CXS0012	女	有爱云仓直播基地主播负责人	2023年1月15日

二、实体空间的建构：仿古、云仓和家庭展演

青年流行文化对地方性的建构最直接的客体就是实体场所，实体场所的改变也是最为直观的。实体场所的改变有人为主动划分建构，也有为了满足汉服发展需求而在地方性上逐渐演化出来的建构。本文将实体场所划分为宏观场所、中观场所和微观场所，宏观场所主要指曹县整个实体空间，中观场所指曹县汉服商家集中地、汉服展演空间等，微观场所主要指曹县汉服商家的家庭空间。

（一）宏观场所：搭建展演场所与构建仿古消费空间

在当代社会，地方越来越多地被作为一种"空间文化意象"来塑造，地方体现出商品化趋势。尤其是在旅游业中，许多地方开始营造独特的文化消费空间与地方感，从而吸引游客，带来经济效益[5]104。汉服流行文化发展至今与汉服的穿着实践有着密切关系。围绕着汉服穿着实践这一特点，汉服协会、地

方政府和汉服商家以各自的方式创造汉服展演消费空间。汉服协会一般会组织群体穿着汉服的祭拜或聚会活动。地方政府一般会围绕地方现有资源进行更大的汉服展演空间的建构，比如在汉服圈中比较出名的西塘汉服文化节——当地政府围绕西塘古镇致力打造"汉服之都"的文化名片，很好地将汉服与西塘古镇结合。汉服商家则是搭建走秀舞台空间，让模特穿着华丽汉服进行时装走秀，人们通过观看走秀来欣赏和消费汉服。曹县在发展汉服产业的时候，也借鉴了汉服文化发展至今所采用的空间建构。

结合地方已存在的地方风景区，搭建汉服的走秀空间。曹县万亩荷塘风景区现有5.4万亩水面，以大堤、森林、水面、湿地、芦苇、稻田、荷塘为特色。曹县围绕着已有的万亩荷塘风景区建设了汉服走秀基地，打出"赏荷花、观美景、着汉服"的宣传标语，以吸引更多游客穿汉服来荷塘观赏游玩。在政府举办的各种活动中可以看到工作人员穿着汉服，日常也能有机会看到穿汉服的游客。

新建仿古建筑，打造地方的古韵气质。不同于其他古镇，曹县结合"商汤故里，华夏第一都"这张地方历史文化名片打造了全国第一个以夏商文化为主题背景的大型旅游古镇风景区——菏泽市曹县华夏部落景区。该项目总投资10.56亿元，总建筑面积43 709.71平方米，景区按照国家5A级旅游景区标准打造，设计了近40个文化体验项目，由景观大门及游客服务配套区、千年夏商、原生部落、魔幻王都和明日未来四大区域构成。曹县本意是想围绕地方汉服产业带来的古韵气质标签，开发仿古旅游风景区，并希望通过建构古典的空间文化意象，以吸引消费者前来旅游和消费。然而，受到曹县地域文化的影响，景区仿古建筑仅在空间装置上符合古韵气质，但在文化内核上依旧是乡村气质，举办的活动形式显得比较单调，比如简易灯管组建的灯光秀，节庆日搭建乡村大舞台进行表演。该地的搭建只是披着古韵皮囊的游玩地，更多是为当地人提供一个休闲娱乐消费的去处，没有扎实围绕汉服背后的历史文化去做仿古建筑和活动的策划，所以与全国各地的仿古地方相比，没有太强的竞争力。

改造原有公园，打造汉服一条街和汉服文化广场。曹县汉服一条街和曹县汉服广场虽然是两个名字，在地理位置上却是同一个地方：一面墙以汉服知识为主（即称为汉服一条街），一面墙以中国传统古画为主，中间的空地被称为汉服广场。汉服一条街上的汉服知识主题为"华夏汉服简史",以插图搭配竖版文字为模板,讲述从秦汉、魏晋南北朝、隋朝、唐朝、宋朝到明朝的代表服饰。曹县努力在地方空间上打造与汉服有关的特点,但是这种特点困于审美、汉服知识、地方财政、地方空间等限制,杂糅成带有曹县乡土气质的汉服知识传播和展示的空间。

(二)中观场所:集中化的汉服生产与营销基地

汉服文化对曹县中观场所的构建主要体现在汉服产业经济上。由于当前汉服消费者有着线上线下的体验需求:线上,汉服消费者在各大社交平台观看和了解汉服,通过电商或直播购买汉服;线下,汉服消费者在各大汉服售卖馆、汉服体验馆等,通过身体实践感受汉服的魅力并产生消费行为。正是在这样一个汉服消费的大环境下,曹县开始构建能够满足消费者线上线下需求的场所。

为了更好满足线上直播需求,曹县政府与商家合作搭建集中化的汉服直播基地,进行集中化的汉服营销直播。"有爱云仓·汉服直播基地"在曹县安蔡楼镇,是曹县安蔡楼镇镇政府与山东省曹县云龙文化产业集团合作成立的全国最大的汉服直播基地,开建于2022年6月,并于当年双十一之前投入使用。该基地面积为2 600平方米,可以同时容纳100多名主播进行直播卖货。这种直播基地能够很好地满足曹县安蔡楼镇的汉服生产特点,即汉服品牌小而分散,以家庭式生产和销售为主。直播基地能够很好地将汉服资源集聚起来,通过搭建统一直播平台进一步扩大销售。"政府挨家挨户去收集汉服,然后统一交到我们这边进行直播销售,我们会做一个表格来记录直播销售的情况,然后把对应所得发给商家们。"(CXS0013)

除了在安蔡楼镇搭建了一个直播基地,曹县县城中心也搭建了一个集美工拍摄、直播展销、私人订制一体化的"宇宙中心·曹县原创汉服产业中心"。该汉服产业中心位于曹县县城规划的产业园区,由曹县返乡博士胡春青和其妻子孟晓霞成立的辰霏服饰有限公司承包。厂房外除了一个大字商标,没有其他与汉服有关的元素,厂房内分区明显,每个部分单独成区,以墙壁作为隔断界线,主要分为展览区、制衣区、绣花区、成衣区、打包区、发货区和网店后台运营区。不同于其他区的杂乱，展览区干净整洁，门口是江南园林的圆拱门，内部整体以白墙为主，展示着各种儿童和成人的汉服成衣。这些因经济需求发展出来的建筑空间，让汉服元素融入当地的社会环境中，塑造了当地人对曹县全新的地方感。

（三）微观场所：从前家后厂—前展后厂—家厂展混合的家庭空间

在都市里的汉服体验馆或汉服商店，都是装修古韵精致、灯光如昼，汉服在这样的展演空间中显得更加华丽。不同于都市的汉服展示空间，曹县汉服商家为了满足汉服的展示需求，其家庭空间发生了三个阶段的变化。第一阶段是前家后厂的家庭作坊，这个时候曹县的汉服发展沿袭了发展演出服时的家庭空间结构，前面为家庭生活区域，后面为服装加工生产和包装区域。第二阶段是曹县梗在网络上爆红后，前往曹县观看汉服的人增多，曹县汉服商家为了展示出自家原创汉服，在家庭作坊门口摆放身着汉服的展示模特。只有极少部分的商家拥有专门展示汉服的展厅，这些展厅也成了外地观赏地方汉服的主要场所。第三个阶段是家厂展混合的家庭空间，随着来到曹县观看汉服的人数减少，将汉服展示出来对于汉服商家来说不再是必要条件，因此许多人形架子会被摆放在堆叠的汉服之中。"之前曹县汉服火了一小阵子，就会把这些汉服摆出来，现在没什么人来看了，这些人形架子就不怎么摆出去，一般随便放在哪，不碍事就行。"（CXS0012）

三、"曹县想象"：文化记忆和地方化标签

一个社会在转型变革中，会在原有累积的集体记忆中建构新的记忆，这种集体记忆包括文化记忆和交往记忆。文化记忆主要来自当时社会反复使用的文本系统、意向系统，交往记忆源自亲历者日常生活中的社会互动[6]。曹县在发展汉服产业的过程中，一方面基于汉服文化的网络特性，积极利用网络媒体去宣传曹县汉服地方品牌，打造"年轻人第一件汉服"的标签；另一方面在熟人关系之上，积极围绕汉服产业链加强"强关系"合作，同时又积极与外来弱关系交往互动，借助"他者"的力量去传播曹县汉服。哈维指出，地方是集

体记忆的场所，借助文化记忆与交往记忆，行动者们能建立并培养共同的地方认同与地方想象，建构新的地方感。曹县人尤其是曹县汉服商家在共同打造的文化记忆和交往记忆中，增加了曹县地方认同并建构出新的地方感[6]。

（一）媒介中文化记忆的建构："曹县想象"和曹县汉服标签的宣传

文化记忆是集体记忆特征的表达符号，需要记忆载体。在当前的媒介化时代，网络媒体是大众最常接触的记忆载体。这些媒介载体既能建构地方内外的人对地方的想象，又能够成为地方对外宣传的重要阵地，还能结合特色产业对本地人进行教化，促使本地人加入这场建构之中。

媒介对地理面貌的建构是一种主观的解读，这种解读会建构地方内外的人们对地方的想象。"地理景观不能仅仅被看作物质地貌，而是被当作可解读的'文本'"[7]，媒介通过视频、音频和文字对地方的地理面貌进行再现，甚至利用蒙太奇剪辑，让地方的意义产生重构。2021年曹县流行梗在网络中爆红，所有创作都将曹县放置在都市甚至超越都市的优越位置上，将各种大都市的视频与曹县结合在一起，搭配各种夸张、对比强烈的文字，比如"宁要曹县一张床，不要上海一套房""宇宙的中心在曹县"等，让曹县在网络中以一种错位的"优越感"走红。这种创作更多是一种网络狂欢式的造梗行为，但依旧建构了人们对于曹县的想象，使得曹县在网络中成为"超级地方符号"。人们利用媒介将主观意图和地方符号结合，创造种种想象的地理景观。随着时间推移和广泛传播，人们的文化记忆也随之变化，甚至接受新的文化记忆，将媒介中的地方想象融入真实世界，虚拟想象对现实中地方的地方性产生真实的改变。在"曹县梗"火爆一段时间后，曹县当地的几处地方景观发生变化，比如曹县与定陶交界处挂牌"宇宙中心"，曹县汉服原创产业基地的前缀也加上了"宇宙中心"。

曹县政府主动利用网络媒体去进行曹县和曹县汉服的网络形象的建构，这种建构也伴随着宣传地方品牌。曹县囿于地方资源、产业基础和人才，受限于原创设计和网络运营能力，在发展汉服产业的过程中主要瞄准平价汉服市场，以低价占据三分之一的汉服市场，拓展汉服市场规模。在世界各地流动的过程中，符号化的地方文化是不可复制到其他地方的，因此也就成了地方性[7]。哈维认为，地方性差异的根源是资本积累过程中"不均衡发展"。曹县地方资源的有限性成了曹县汉服最大的特点，曹县汉服的特点也成了曹县区别其他县城的地方性。在汉服爱好者众多的社交平台上包括汉服贴吧、汉服微博话题、汉服抖音话题和各大汉服资讯账号，可以发现，汉服消费者对于曹县汉服的印象普遍都是"平价""便宜""白菜价""新手小白"等。曹县政府也很好地抓住这一特点，在网络中将曹县汉服打造成"年轻人第一件汉服"的标签。除此之外，曹县政府善于借助网络流量进一步宣传"曹县汉服"这一区域品牌。2021年5月"曹县梗"在网络中走红后让曹县成为一种网络符号，当地政府借助曹县梗的流量，引导大众关注曹县汉服产业，让曹县汉服在网络流行文化中得到强化。曹县县长更是进入曹县当地的直播间售卖汉服，一个晚上就售卖出了上千件。2022年7月，支援曹县新冠感染者救治的外来医护人员，在离开时，曹县以汉服赠送医护人员以表感谢。这一事件在网络中掀起一定波澜，这种内容的传播良性地促进了曹县汉服这一区域品牌形象。"政府在网上有刻意多宣传我们的汉服，曹县那么多产业，为什么选择汉服，那是因为汉服年轻人关注，我们说出去也会非常有面子。"（CXS0011）

（二）社会关系中交往记忆的建构：围绕汉服产业的地方内外关系的互动

地方的交往记忆需要在一定的社会关系中建构，在全球化时代，一个地方的社会关系包括地方内和地方外两部分[6]。地方内的社会关系主要指曹县汉服商家与同产业链商家、政府之间的关系；地方外的社会关系主要指曹县汉服商家与同产业链其他商家、汉服爱好者等的关系。曹县在发展汉服产业的过程中，重构了地方内外的社会关系，从而建构地方的交往记忆。

曹县在没有发展汉服之前，主要是以农业为主，农业经济更讲究自给自足，人们的社会关系仅限周边熟人社交。曹县在发展汉服产业的过程中，首先依赖的是地方内的熟人社会关系。在发展汉服之初，正是由于亲戚朋友之间经验和技能的相互传授，使得当地的汉服产业能够迅速铺开，大部分在曹县汉服公司打工的人也多是创办人的亲戚朋友。"我们曹县就是熟人社会，所以外面的人想到我们这里做生意是很难进入的……像我的汉服生产只会找熟人去加工，每道工序都是和知根知底的人一起合作，不会随意改动。"（CXS004）这也是曹县之所以能够将汉服生产成本控制得比较低的主要原因，也是其他地方的汉服生产不具备的优势。在曹县汉服生产中，除了商家之间地缘、血缘等关系使其组成一个紧密的"群"，还有随处可见政府的参与。曹县地方政府主要顺应汉服商家发展需求，在他们无力应对的领域施展政府能力[3]。比如将曹县商家的汉服商品聚集起来，搭建集中化的直播基地统一销售曹县各家的汉服，更是借助各种大众传媒不断强化曹县汉服这一区域品牌。

曹县在发展汉服的过程中，还重新建构了与地方外的社会关系。地方外的社会关系主要以弱关联为主，弱关联可以让信息在网络中迅速扩散，扩散的范围也会非常广泛[8]72-84。地方外关系的建立可以推动地方与外界的经济、文化等更加紧密联系，从而促进地方内各方面的发展。曹县汉服电商除了需要掌握电商发展技能，还需要掌握汉服制衣知识、汉服剪裁技艺、汉服设计等较为专业的知识内容。曹县政府积极邀请外来专业团队深入曹县汉服产业，让更专业的知识走进曹县。曹县商家甚至也会自主去地方外学习专业的汉服知识。另外，依赖地方外的"他者"，借助"他者"的力量能够让地方品牌走出去。曹县政府带着外来团队认识曹县汉服，通过赠予、共创等方式，让他们将曹县原创设计带出曹县，推动曹县汉服品牌的推广。比如曹县政府邀请"中国女王"大赛获奖者、各大高校调研组到曹县调研和交流。与此同时，曹县汉服商家会有意识地与更广泛的外部世界发生关联，与汉服爱好者建立互动关系，与外界汉服生产商形成合作关系。这种长期与外地合作的方式，让曹县商家对于外地人和各种交易格外敏感和开放，他们虽然身处曹县，但是他们的社会关系和交往记忆已延伸至更广阔的外部世界。

（三）地方感的建构：曹县人的情感认同和经济发展的功能依赖

地方感是人与地方相互作用的产物，借助文化记忆与交往记忆，行动者能够建构出关于地方的地方感。在网络媒介时代，在媒介构建的空间中，人们足不出户就可以感受各地的风土人情，因此人们形成的地方感还深受媒介塑造的"地方特性"的影响[5]106。在地方感的形成过程中，人的思想和感情起到了非常重要的作用。当前对于地方感维度的划分主要包括地方依赖和地方认同等,因此围绕这两个维度来分析汉服文化对曹县行动者的地方感的建构。

地方认同是指对地方的情感性依恋和认同,是对某个地方作为社会角色自我感知的一部分的认知[5]103。曹县汉服生产商中有许多是返乡创业的青年,最开始因为觉得留在曹县没有前途而选择外出打工,返乡进行汉服创业后,重构了他们的地方认同。汉服文化的潮流性让曹县的形象与其他县城的形象产生差异,汉服本身的文化地位和经济地位加强了曹县汉服商家对于从事汉服生产的荣誉感和对地方的情感认同,甚至有曹县商家因为发展汉服而得到政府的大力支持,现在已经将汉服作为自己的终身事业。"曹县现在对我来说就是实现梦想的地方。"(CXS0011)网络媒介中曹县汉服产业得到各大主流媒体的宣传,媒介建构出来的曹县特性也影响了地方行动者的地方感,他们在情感上对于曹县汉服感到自豪,对地方也更加认同和肯定,随之对曹县的家乡归属感更加强烈。"我因为开始做汉服之后,对曹县的感觉发生了变化,归属感更强了,没发展汉服之前是没有的。"(CXS006)

地方依赖是指人对地方功能性的依赖。在发展汉服之后,曹县汉服商家对于地方的功能性依赖得到强化。首先是汉服作为青年流行文化,还未得到国家主流层面的大力支持,它之所以能够发展壮大是资本与汉服爱好者共同推动的结果,但是曹县大力发展汉服,离不开曹县政府在财政上的支持、在政策上的帮助、在技术上的培训。"政府在我们的汉服发展中起到了很大作用,比如给我们几乎无息的贷款,给我们建厂房,疏通物流等。"(CXS0010)另外由于曹县汉服生产从设计、打板、绣花、成衣到摄影、营销全链路基本完善,上下游关系紧密,因此进一步在生产上加强了曹县汉服商家对于地方功能性的依赖。

四、结束语

本文以曹县汉服为案例,研究网络经济中青年流行文化对县城地方性的建构。曹县作为百亿元级汉服市场中的重要一员,是非常典型的研究案例。对于曹县的研究可以让我们了解青年流行文化的社会属性,还可以揭开流行文化研究中一个被遮蔽的面向，即流行文化商品生产端的研究。同时，研究曹县汉服可以让我们看到在现代全球化时代下，地方是如何与更广阔的外来文化发生关联，将外来文化融入本地地方性，从而建构出"进步的全球地方感"。

然而，地方在发展流行文化商品的过程中又有着明显的局限性，县城地方生产中家庭式作坊的生产水平、电商发展认识的局限性、不专业的网络运营能力、不稳定的原创设计输出能力、无风格化的汉服视觉审美表达等因素，让汉服圈对于曹县汉服的污名化和不认可，影响着汉服文化和汉服市场的良性发展，同时也局限了曹县汉服产业升级成优质的地方区域品牌。以上足以看出，县城与亚文化之间有着"双向奔赴般"的成全，也有着互相的不理解与各自的局限，二者的各自发展与合作发展道阻且长。

参考文献

［1］ 艾媒咨询.2020年汉服市场运行状况检测报告［EB/OL］.（2020-05-15）［2023-12-07］. https://baijiahao.baidu.com/s?id=1666749288207261708&wfr=spider&for=pchttps://baijiahao.baidu.com/s?id=1666749288207261708&wfr=spider&for=pc.
［2］ 多琳·马西.空间、地方与性别［M］.毛彩凤，袁久红，丁乙，译.北京：首都师范大学出版社，2017.
［3］ 邱泽奇.三秩归一：电商发展形塑的乡村秩序：菏泽市农村电商的案例分析［J］.国家行政学院学报，2018（1）：47-54.
［4］ 张丕万.地方的文化意义与媒介地方社会建构［J］.学习与实践，2018（12）：111-118.
［5］ 邵培仁，杨丽萍.媒介地理学：媒介作为文化图景的研究［M］.北京：中国传媒大学出版社，2010.
［6］ 宣朝庆，王茹薪.地方性再生产的时空逻辑：基于北碚乡村建设的理论分析［J］.中国农业大学学报（社会科学版），2021，38（6）81-92.
［7］ PRED A, WATTS M J. Reworking modernity: Capitalisms and symbolic discontent［M］. New Brunswick: Rutgers University Press, 1992.
［8］ 保罗·亚当斯.媒介与传播地理学［M］.袁艳，译.北京：中国传媒大学出版社，2021.
［9］ 阿里新乡村研究院.2020年淘宝村百强名单［EB/OL］.（2020）［2023-12-07］. https://www.maigoo.com/news/569586.html.
［10］ 杨雪，张冉，孔令旭."传统"的再造与流行：对青年汉服文化演变逻辑的考察［J］.当代青年研究，2022（2）：40-47.
［11］ 陈一.新媒体、媒介镜像与"后亚文化"：美国学界近年来媒介与青年亚文化研究的述评与思考［J］.新闻与传播研究，2014（4），114-124，128.
［12］ 李金金.多琳·马西"全球地方感"理论研究［D］.石家庄：河北师范大学，2020.
［13］ 钱旖雯.外来经营者对大理市双廊旅游小镇地方性影响研究［D］.昆明：云南财经大学，2022.

The Grounded Popularity: The Construction of County Locality by Youth Pop Culture From the Perspective of Caoxian Hanfu

Abstract: In recent years, Hanfu, or Han costumes, as one of the clothing advocated by youth popular culture, has developed a market scale of ten billion yuan. Caoxian Hanfu accounted for a third of them. Based on the theoretical basis of local construction, through online and offline ethnography, we can deeply understand the locality of Caoxian County and the industrial chain of Hanfu in Caoxian County, and reveal how the youth Hanfu culture constructs the locality of Caoxian County. The construction is mainly completed with four aspects: the construction of physical space, which is manifested in the construction of macro, meso and micro dimensions of space; the construction of cultural memory which is manifested in the construction of local imagination in the network, and the local government's making use of the network media to promote the local Hanfu brand; the construction of communicative memory in social relations which is reflected in the interaction between Caoxian County's Hanfu industry and the social relations between the internal and external place. The construction of locality reconstruct the sense of place of Caoxian people. This paper provides starting point for understanding the relationship between place and youth popular culture against the network economy.

Key Words: Hanfu Culture, Caoxian, popular Culture Locality, Global-local

国际社交媒体中国城市传播内容趋同及其媒介逻辑
——基于BERT模型的Twitter样本分析[*]

徐 翔[1] 余珺君[2]

摘要：国际社交媒体城市传播中的内容趋同现象是受到广泛学术聚焦的理论与现实问题，但内容趋同背后的媒介逻辑仍然缺乏足够重视。基于BERT模型，以典型国际社交媒体平台Twitter为样本，从我国337个地级及以上城市中随机抽取30个城市，并抓取这些城市从2015年1月1日到2020年12月31日的相关帖子进行实证分析。文本挖掘与统计分析的结果显示：帖子的趋同程度与帖子的传播热度之间具有高度的正相关性；热度层级越高的帖子组，层级内部的相互趋同性越高。国际传播与城市传播需充分审视这种内容趋同规律与发展态势，及其可能带来的"越传播，越趋同"的内在风险与传播困境，切实将"真实、立体、全面"的中国城市形象传递到全球用户心中。

关键词：城市国际传播；社交媒体；内容相似性；媒介逻辑；BERT模型

---

[*] 上海市"科技创新行动计划"软科学研究项目"从各有所好到共同牢笼：推荐算法平台公共信息茧房形成机理与调控策略"（23692110600）；上海市级科技重大专项"人工智能基础理论与关键核心技术"（2021SHZDZX0100）
1 徐翔，同济大学艺术与传媒学院副院长、教授，大数据与计算传播研究中心主任。
2 余珺君，同济大学艺术与传媒学院硕士研究生。

引 言

习近平总书记在党的十九大报告中提出，"推进国际传播能力建设，讲好中国故事，展现真实、立体、全面的中国，提高国家文化软实力"。一个国家城市群体的影响力，是衡量国家的非权力性影响力，也即软实力的重要指标[1]。挖掘并讲好中国城市故事，向国际社会展现"真实、立体、全面"的中国城市，对于拓宽国际传播路径，推进国际传播能力建设具有重要意义。

社交媒体的强势兴起，改变了全球的传播格局与媒介生态。We Are Social 与 Hootsuite 发布的《2020年中国地区数字分析报告》（*Digital 2020*）显示，2020年全球社交媒体用户突破38亿，占互联网用户的84%[2]。在此背景下，具有代表性的国际社交媒体平台如 Twitter、Facebook 等，不仅成为信息社会的重要组成部分，也成为国际传播的新战场。社交媒体语境下用户对于城市的信息表达越来越成为研究城市传播的重要切入口，网民的意见表达是承载、彰显城市认知的载体[3]。

在此背景下，一方面，社交媒体的开放性、参与性、对话性、复向传播性等特质，有助于塑造开放、多元的国际新形象[4]；另一方面，城市和社交媒体之间的界面就像一层薄膜[5]，将会对信息进行过滤，导致社交媒体中与城市相关的内容出现趋同与信息分层现象。Zasina[6]对 Instagram 平台上波兰一座城市的图像进行研究，发现平台中的内容着重呈现美学和风景如画的地方和物体。与现实生活中这座城市的原型相比，在 Instagram 上的城市形象似乎更有选择性；Ambord[7]发现城市品牌在内容生产与宣传过程中，帖子的风格和内容逐渐变得与 Instagram 上的城市相似，因此失去了一些他们试图捕捉的真实性，"Instagram 上流行的内容可能最终会模糊他们对这座城市的积极看法，并强化其他人的看法"；社交媒体中以点赞、评论或地点标签形式出现的认可行为会进一步导致关于城市的内容出现分层，使一些帖子、用户和地点脱颖而出，而其他内容则成为信息流中默默无闻的部分[5]。随着我国影响力的上升，"中国"成为国际社交媒体中的热门话题，涉华内容数量不断增长，但其中充斥着对中国的陈旧看法、片面报道和歪曲评论，不断加深着对华舆论的刻板印象[8],这一特殊的语境背景也会对我国城市在国际社交媒体中的传播带来一定影响。

基于此,一个尚待思考的问题是:在国际社交媒体中,关于中国城市的海量传播内容是否存在某种趋同性,若存在,这种现象又具有怎样的分布规律?针对这一问题,本研究对国际社交媒体中国城市传播内容趋同及其媒介逻辑进行专门的探讨和检验。这不仅与中国城市如何利用社交媒体提升国际传播效果有关,更关涉在国际社交媒体平台逻辑下,中国城市传播内容的充分流动性与用户可达性中存在的"越传播,越趋同"的潜在风险与后果。

一、研究回顾与问题分析

(一)国际社交媒体城市传播内容趋同的相关研究

国际社交媒体中与城市相关的内容往往具有偏向性与同质性。Huang等[9]通过实证研究发现,社交媒体数据可以作为数字时代感知城市形象的可靠衡量标准。其中,"Twitter ability"作为衡量指标的一种,指的是一个地方在Twitter上被提及的次数。对这一指标的研究表明,漂亮或有声望的地方在Twitter上被提到得更加频繁,建筑地标和著名景点提到得则更少。Boy等[5]分析了来自阿姆斯特丹超过3万名用户发布的Instagram帖子,发现Instagram是一个过滤设备,挑选出城市景观中迷人的、时髦的、精致的部分,并将它们传递给用户。对于中国和中国城市而言,国际社交媒体中也长期存在着用户发布内容的同质化、偏倚性与刻板印象。宋凯[10]对国外社交媒体平台的数据进行分析发现,国外受众对于北京文化的讨论偏重京剧、京味饮食、古建筑等传统文化方面,缺少对北京现代城市文化的感知和接受;张春波[11]对YouTube网站上用户自制的与中国相关的309段视频进行符号与话语分析,发现刻板印象在YouTube上的繁衍"以有限的形式表现无限的内容",样本视频以多个彼此竞争的表征范式塑造了类别化的中国形象,YouTube用户自制视频中对中国形象的建构不仅沿袭了西方主流媒体对中国政治、经济、社会及人文形象的边缘化乃至妖魔化,并且为上述刻板印象提供了草根化乃至中国本地化的"外包装"[12];王沛楠[13]对TikTok平台中"#我们来自中国"标签下的高赞视频进行分析发现，该标签下的短视频存在着内容相对单一、少数"意见领袖"主导整个标签内容走向的情况。

上述研究一定程度上证实了在国际社交媒体中，与城市相关的内容可能存在趋同现象。但一方面，这些研究主要集中在特定城市，缺乏从整体层面对中国不同层次、区域的城市进行整体性探讨的相关研究；另一方面，这些研究只是抽象而笼统地对内容是否趋同进行了定性区分，并未进一步分析内容趋同程度的差异。这也进一步关涉社交媒体平台的媒介逻辑，特别是内容的传播效果或传播热度差异与内容趋同之间的关系。

（二）社交媒体平台的媒介逻辑与内容趋同

媒介逻辑是指定义、选择、组织、呈现和识别信息的格式、规则或代码[14]；Van等[15]在此基础上提出社交媒体逻辑，这一逻辑与平台处理信息、新闻和交流的特定规范、原则和实践有关，包含可编程性、流行度、连接性和数据化四个要素；Klinger等[16]提出网络媒介逻辑的概念，研究了网络媒介具有的核心要素——社交媒体平台上的传播规则/格式；Hjarvard[17]对媒介逻辑的研究进行回顾，认为媒介逻辑总体上指的是不同媒体/媒介特有的制度规则和资源。从交流的意义上说，它比更精确但烦琐的制度规则和资源的拟订更直观。例如，社交媒体中的正式规则包括规范此类媒体（如版权）使用的法律，而非正式规则则是发布和点赞信息的社会规范。社交媒体平台通过设置不同的规则、机制影响信息流动以及用户的社交互动、信息选择。平台本身也越来越热衷标准化自己的指标，网络流行的逻辑存在于YouTube上"被观看最多"视频的横幅广告、Facebook上的好友统计数据或Twitter上的粉丝数。在此基础上，社交媒体平台中每条信息具有的影响力、传播效果都可以用该平台提供的一套标准化的"热度"指标进行衡量（譬如观看数、点赞数、评论数等），而这些指标的高低差异，不仅反映出信息在平台中的传播热度差异，也是社交媒体平台的媒介逻辑在信息流动与传播过程中的具体体现。通俗地说，在社交媒体平台中，信息的生产与传播就像一场无形的"流量竞赛"，每条信息都在平台设置的一系列特定规则、制度之下流动与呈现，但在这个过程中总会有胜负之分，而传播热度高的信息则在这场"信息流量"比赛中胜出，这些信息也可以被认为在社交媒体中具有更好的传播效果，也更加"适应""符合"社交媒体逻辑。

而现有的关于社交媒体信息同质性或差异化的相关研究，也在不同程度上证实了内容的传播热度与内容趋同程度之间具有的关联性。Nan等[18]研究了搜索引擎中的帖子内容与其内容排序之间的关系，发现高排名、高"热度"的内容较集中，而可见性较低的搜索关键词则呈现出更多样的图景；徐翔等[19]对今日头条平台信息的研究发现，网络信息会随着传播热度的变化展现出对应的同化、封闭，越是热门的信息趋同程度越强烈；韦路等[20]对新浪微博的研究发现，微博集中度与传播热度显著相关；Hodson等[21]使用Twitter进行定性与定量内容分析，发现流行标签下的内容具有同质性，最受欢迎的推文往往会重复占主导地位或有影响力的声音已经发过的推文。作为某一事件用户热门讨论的重要体现，舆论的趋同性也为上述关联机制的存在提供了一定证据。何敏华等[22]基于BA无标度网络，构建了舆论和网络结构相互影响的自适应舆论演化模型，发现随着时间的推移，系统中的舆论演化表现出很强的趋同效应；Wu等[23]发现了社交媒体在具有广泛互动的活动（如政治事件）中会使舆论趋同；从讯息传播的层面，高热度的舆论讯息具有更强的"议程设置"效力[24]，会促进与自己相似的讯息的生产与扩散，增强媒介中热门议题的相似性。

总体而言，不同内容的传播热度差异背后体现着社交媒体平台的媒介逻辑，而这种媒介逻辑也会在一定程度上影响内容之间的相似程度。这也是当前社交媒体城市传播内容趋同的研究中未充分重视的方面。

（三）国际社交媒体城市热门内容趋同的影响因素

在国际社交媒体中，国际主流媒体、发达国家的用户往往主导着与中国相关的热门讨论。Xiang等[25]通过实证研究发现美国和英国的媒体机构和用户主导着社交媒体信息领域。其中，国际主流媒体仍然在中国国家形象的建设中发挥着重要作用，社交媒体用户主要从国际主流媒体中转载中国新闻，原创新闻内容较少。发达国家的用户有潜力在社交媒体平台上引领关于中国的讨论。相德宝[26]选取了国外十个不同的自媒体作为研究对象，发现发达国家受众成为形塑自媒体涉华舆论的主要力量。近代以来，大陆城市的国际传播主要通过媒体报道进入西方社会[27]，国际主流媒体对中国城市的报道与呈现往往存在倾向性与片面性。董琰[28]基于1978—2018年美国《纽约时报》和《时代周刊》的相关内容，发现美国报刊主要使用了"整体形象替换"和"部分形象替换"两种方法，将中国城市的特征归化到西方的范式之中。中国典型的江南城市被过度"西方化"，上海被淹没在世界都会的形象之中，苏州也被定格在欧洲水乡小镇的形象上；刘晶[29]基于国际大型线上新闻语料库NOW中19个不同国家的主流媒体在2010年至2017年之间涉及杭州的报道数据建成目标语料库，发现这些语料库塑造的杭州城市形象相对薄弱和单一；由于大部分国际受众对于中国城市形象的认知主要依赖媒体传播的议程设置和框架功能[30]，Twitter上用户共享的内容很大程度上也取决于国家提供的内容[31]，因此国际主流媒体对于中国城市的偏向性报道与描述，可能也会主导社交媒体信息场域关于城市的热门内容，使内容更易走向趋同。

Twitter中关于某一城市的热门内容，基本上囊括了平台用户对于该城市关注与讨论的重点内容，成为城市"舆论"的缩影。现有研究表明，对于中国城市的讨论始终无法脱离中国乃至于"东方"这一认知背景。李蕾蕾[32]指出，旅游者对地方形象的认知依赖该地方的背景（地理文脉）形象，又会受到地理位置的邻近和文化、政治、经济、民族和宗教等人文要素的相似性的影响，而且距离越遥远，人们的理性认知水平越低，越倾向"幻想的认知"或"主观感知"；Fan等[33]通过研究发现，北京形象与中国国家形象之间存在密切联系。北京也是中国问题的象征，这对城市形象产生了不利影响。而长期以来，国际社交媒体中涉华舆情、舆论都存在内容偏向性以及传统东方主义话语倾向。龚为纲等[34]分析了国际自媒体平台Reddit中2007年到2015年间涉华信息所构成的舆情大数据，发现自媒体上涉华舆情在信息构成上呈现偏态性（消极负面的涉华帖子超过积极正面帖子），并进一步引发传播效果偏态（用户的评论以消极负面为绝对主导）的舆情传播现象；有学者发现美国涉华舆情延续了传统东方主义话语的内涵，将中国建构成专制主义的、人权问题突出的、对西方充满挑衅和威胁的形象[35]。社交媒体涉华舆论的同质性为城市"舆论"的同质性提供了一定证据，不过还有待进一步从国家维度推移至城市维度。

总体来说，现有研究在一定程度上证实了与中国个别城市、中国形象相关的国际主流媒体传播内容、涉华舆情及舆论方面的偏向性与同质性。但从中国城市整体视角而言，在国际社交媒体传播中是否存在某种普遍的内容趋同现象，这种内容趋同现象背后又是否存在某种共性的规律，仍然有待进一步深入研究。基于此，本文将国际社交媒体中国城市传播内容的趋同，以及内容在遵从媒介逻辑流动过程产生的传播热度差异进行综合考察，提出本文的核心研究观点与研究假设：针对国际社交媒体中与中国城市相关的帖子而言，帖子的内容相似程度与帖子的传播热度之间具有正相关性，热度越高的帖子组，其组内部的趋同程度越高。

二、研究设计

（一）样本选取与数据预处理

本文选取Twitter平台作为研究对象，Twitter作为全球具有代表性的社交媒体，涵盖了多个国家和语言的人群，是进行国际传播效果评估的良好平台。基于上述核心研究观点与假设，从我国337个地级及以上城市中随机选取30个城市作为研究样本，这些样本中既包括上海、深圳这样的一线城市，也包括杭州、克拉玛依、榆林等各类、各层次、各区域的城市，样本具有一定代表性。完整城市名单为：上海、成都、深圳、杭州、克拉玛依、哈尔滨、苏州、厦门、乌鲁木齐、昆明、三亚、张家界、天津、西安、黄山、大连、海口、长沙、济南、南昌、桂林、沈阳、珠海、石家庄、郑州、长春、南通、盘锦、榆林、包头。

对这30个城市，以"China"和"城市名"组合关键词进行检索，例如"China Shanghai""China Shenzhen"等，通过Python编写网络爬虫，抓取2015年1月1日至2020年12月31日之间Twitter中的所有帖子。由于Twitter平台不同日期检索同一个城市的URL不同，因此本研究以三天为单位，采用人工构造URL的方式进行抓取。尽管人工构造的过程工作量更为烦琐，但能够尽量避免抓取过程中由于系统提供的帖子量不完整等原因带来的过多遗漏，使得取样更为全面，样本也尽可能分布得更为均衡。

然后，对数据进行清洗，去除重复帖与无效帖，并以每条帖子的点赞数、评论数作为衡量每条帖子传播热度的指标。首先将每个指标值 x_i 经以2为底的对数函数转换：$\log2(x_i+1)$。其后进行Min-Max归一化处理，将 x_i 归一化的公式为：$(x_i-\min(x))/(\max(x)-\min(x))$。帖子的点赞数、评论数分别归一化，统一量纲到 [0, 1] 之间的值，依次代称为C_1、C_2。并将C_1、C_2二者等权相加后求平均的相对热度值C1，作为帖子的热度值指标（各热度值指标的相关系数分析见表1）。得到帖子的归一化热度C1后，在量纲 [0, 1] 的尺度下，去掉C1=0的帖子，最后分析的有效帖子数量为358 153条，时间跨度为6年，各城市帖子数量分布见图1。对此需说明的是，由于本文涵盖30个城市样本，而与城市有关的内容会不可避免地受到各个城市的媒介事件、国际活动、国际赛事、突发新闻等因素的影响而出现一定的高低起伏，因此总样本帖中出现的一定的波动性也更加符合城市传播的现实特征。

表1　热度指标之间的皮尔逊相关系数

	归一化热度(C1)	帖子点赞数(C_1)
帖子点赞数(C_1)	0.854**	
帖子评论数(C_2)	0.944**	0.634**

注：N = 358 153，**表示相关系数通过5%水平的显著性检验。

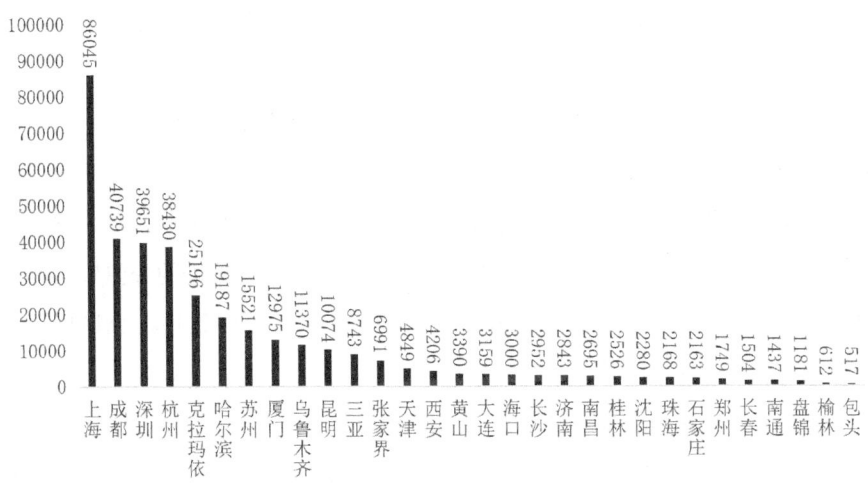

图1　30个城市各城市帖子数量分布

之所以去掉为0的帖子的原因是：热度为0的帖子的噪声成分、污染过大，可能是缺乏社交互动的"僵尸"用户、水军的灌水营销、机器人程序化发帖等内容，其中包含着较多的无效帖和自动的雷同帖。有学者估计，活跃的Twitter户中有9%至15%是机器人[36]。同年，Pew研究中心研究了120万条带有URL链接的推文，发现其中66%疑似由机器人账号发布[37]。而已有研究也表明，Twitter上与中国有关话题中存在大量社交机器人自动发帖、操纵议题的情况。Bolsover等[38]对Twitter上110万条与中国有关的话题标签的用户评论进行分析，发现其中充斥着大量社交机器人自动生成的文本，且这些文本所呈现的内容均具有明显反华倾向。师文和陈昌凤[39]抓取358 656条与中国有关的帖子分析后发现，其中有超过1/5疑似由机器人用户发布。在涉及港澳台疆等议题的标签下，由机器人发布的推文比例甚至超过30%，对中国政体、人权状况的批评有相当一部分是被社交机器人操纵而形成意见气候。而诸如机器账户、网络水军等发布的"垃圾信息"由于缺乏人与人之间的真实互动、信息质量与信息可信度较低，因此相对来说，转发数、评论数与点赞数等关系到社会反馈的指标也会较低[40, 41]。因此，一方面，出于谨慎起见，过滤掉这些转发数、评论数与点赞数均为0的帖子，有助于降低干扰的影响度；另一方面，只要这三个指标不全为0，则都是纳入本研究样本的，它们依然具有非常"冷门"的程度，依然具有足够的效度，同时其中至少有一项原始值为1的也纳入了样本中，这些帖子的热度已经很接近于0，对于"无人问津"的低热度帖子也有较为充分的代表和反映。

对每个城市的帖子按照归一化热度进行分层；采取各层帖子数量相等的等频均匀切分（也即数据处理中常用的"等频分箱"法，而非"等距分箱"），避免各层级计算口径不一致。具体操作过程为：首先对于帖子热度的数值序列通过stats模块中的scoreatpercentile（）函数，得到等频分箱的分位数；然后根据分位数，对原序列采用numpy模块中的digitize（）函数进行分箱化。某城市所有帖子划分为从低到高的热度层级，依次为$\{G_1, G_2, G_3, \cdots, G_m\}$。每层的帖子计算它们热度的平均值，作为该层的热度"质心"H_x，则上述所有"信息单元"对应的热度质心为数值序列$\{H_1, H_2, H_3, \cdots, H_m\}$，将各层的热度质心构成的序列可代称为$F$。

（二）帖子内容的特征提取与向量化表示：BERT模型

对于帖子内容的向量化，本文采用2018年谷歌AI团队发布的BERT（Bidirectional Encoder Representations from Transformers）模型。该模型在机器阅读理解顶级水平测试SQuAD1.1中表现出色，并在11种不同的NLP测试中创出最佳成绩，被认为是自然语言处理的集大成者。BERT模型沿袭了利用深度神经网络预训练（pre-training）模型的方法思路，而且被设计用来预先训练未标记文本的深度双向表示，代替传统的仅用左侧（或右侧）的词汇预测目标词汇的单向方法或使用单独的左侧（或右侧）上下文预测目标词汇的浅层双向方法，使用全向的上下文预测被遮罩词汇，生成理想的通用语言表征模型[42]。BERT预训练语言模型能够增强字的语义表示，并根据其上下文动态生成语义向量[43]。在传播学领域，汤景泰等使用BERT构建文本分类器，对微博的内容主题以及意见领袖的身份信息进行多类别分类（multiclass classification），效果良好[44]。

在具体操作中，本研究采用BERT官方提供的多语言预训练模型，通过腾讯AI Lab提供的bert-as-service开源服务调用BERT模型，启动代码为：bert-serving-start-model_dir/multi_cased_L-12_H-768_A-12/-num_worker=1-max_seq_len=60，将帖子转为768维的句向量，用于后文的分析。

（三）帖子内容相似度的计算

将每条帖子转为向量后，依此计算帖子和帖子之间的内容相似度。两条帖子之间的点对点的相似度采用常用的余弦相似度[45, 46]，也即两条帖子分别转换得到的两个向量 A、B，计算它们之间的夹角 θ 的余弦 $\cos(\theta)$，值域在 [-1, +1]，值越大表明这两个用户之间内容越相似。

$$\cos(\theta) = \frac{A \times B}{\|A\| \ \|B\|} = \frac{\sum_{i=1}^{n}(A_i \times B_i)}{\sqrt{\sum_{i=1}^{n}(A_i)^2} \times \sqrt{\sum_{i=1}^{n}(B_i)^2}} \quad (1)$$

一组帖子 G_1 与另一组帖子 G_2 的平均相似度，用衡量两组对象之间距离或相似度的常用的"类平均法"（组间平均连接）测度[47]：结合式（1），求这个平均相似度值k的基本思路是：

$$k = \frac{\sum_i \sum_j [\cos(\theta)]}{i \times j} \quad （2）$$

两组帖子内容之间或一组帖子内部内容的相似度越高，则这些元素的两两相似度越大，其各元素的总和与平均值也越高。当式（2）中的i和j分别都等于1时，还原为计算一条帖子和另一条帖子的余弦相似度，也即还原为式（1）。式（1）是式（2）的特例。

（四）对核心假设的检验方式

对核心假设通过两种方式进行实证检验：一是将30个城市帖子按照传播热度分为"高热度层"与"低热度层"，并进行配对样本t检验（图2）。两配对样本t检验的目的是利用来自两个总体的配对样本，推断两个总体的均值是否存在显著差异。具体的操作方式为：将30个城市的帖子转化为向量后，按照帖子传播热度分为高热度层与低热度层两类，分别计算两类帖子的相似度，再通过配对样本t检验的方式，检验帖子的传播热度差异是否会对帖子的内容相似度产生显著影响。

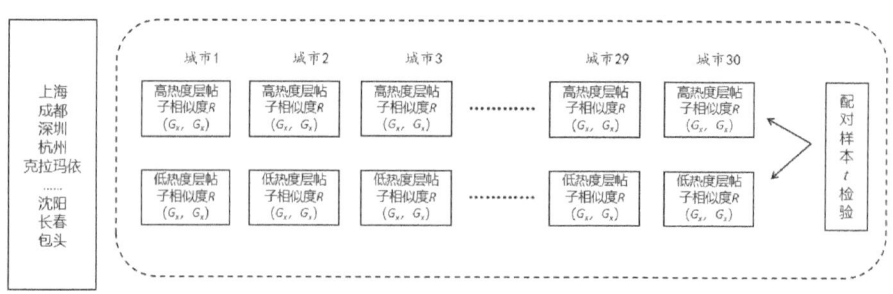

图2 "高热度层"与"低热度层"配对样本t检验

二是对各个城市进行"平均热度"和"平均相似度"的相关系数检验（图3）。将30个城市的帖子按照传播热度的高低等频分为k层（本文选择$k=50$），并计算50层帖子组G_x其内部的平均相似度$R(G_x, G_x)$。然后通过计算该层帖

子的平均相似度 R 与平均热度 F_x 之间的相关系数，验证二者是否存在显著正相关关系。

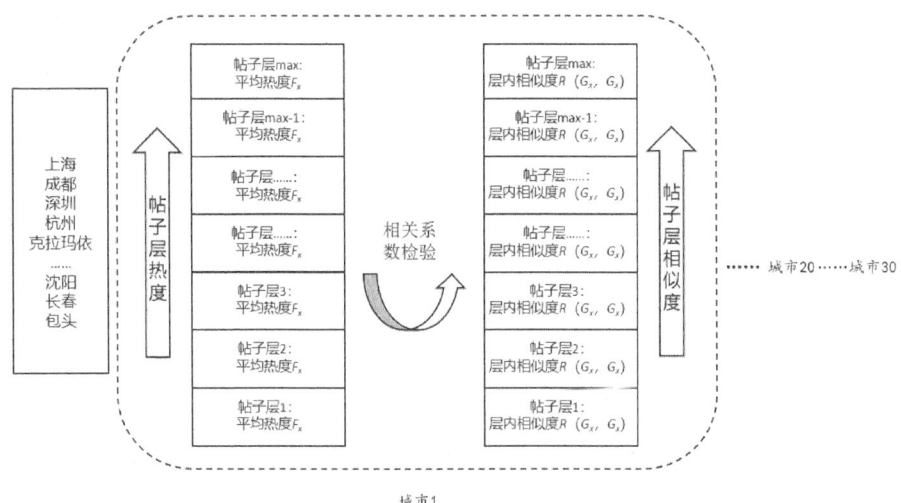

图3　帖子"平均热度"与"平均相似度"相关系数检验

三、实证检验结果

（一）配对样本t检验结果

对30个城市的高热度层与低热度层的差值数据进行正态性检验，夏皮洛-威尔克（S-W）检验结果为，$p = 0.468$，同时结合直方图，可以认为差值数据符合正态分布，因此继续采用配对样本 t 检验。从检验结果来看，检验统计量的概率值 $p < 0.001$，说明帖子的传播热度对帖子的内容相似程度具有显著影响。从帖子内容相似度均值来看，由于内容相似度的差值本身就较为细微，且按照传播热度将帖子划分为高、低两层在热度层级划分上仍然不够细致，因此可能会对高低热度层组的内容相似度差异大小产生一定影响。从统计检验的结果来看，高热度层组帖子的内容相似度均值高于低热度层组，95%置信度区间为−0.012 2到−0.004 2，因此可以初步认为配对样本 t 检验的结果支持本研究的核心假设。

表2　30个城市配对样本t检验结果统计

配对样本检验								
内容相似度	均值	标准差	标准误差平均值	差值95%置信区间		t	自由度	显著性（双尾）
				下限	上限			
低热度层	0.891	0.013 28	0.002 42	−0.012 20	−0.004 17	−4.171	29	0.000
高热度层	0.899	0.006 65	0.001 21	—	—	—	—	—

（二）斯皮尔曼相关系数检验结果

将30个城市的帖子按照传播热度划分为50层，对每层内容的平均热度与平均相似度进行相关系数检验。斯皮尔曼相关系数的结果显示，30个城市中有20个城市呈显著正相关，1个城市为显著负相关。在呈显著正相关的城市中，除海口之外，其余城市相关系数都大于0.3，最高达到0.73。这一结果说明，从单个城市的相关系数结果来看，样本中也有三分之二的城市符合本研究的核心假设，说明这并非是偶然或个别现象，而是具有一定的普遍性与规律性，这也进一步验证了配对样本 t 检验结果的可靠性。

表3　各城市相关系数检验结果统计

具有显著正相关性的城市	具有显著负相关性的城市	不具有显著相关性的城市
榆林0.73**	张家界−0.35*	杭州
沈阳0.73**	—	三亚
上海0.66**	—	哈尔滨
西安0.61**	—	珠海
天津0.60**	—	桂林
南昌0.58**	—	南通
长春0.58**	—	苏州

续　表

具有显著正相关性的城市	具有显著负相关性的城市	不具有显著相关性的城市
郑州 0.46**	—	盘锦
黄山 0.42**	—	厦门
深圳 0.40**	—	—
克拉玛依 0.38**	—	—
包头 0.37**	—	—
长沙 0.36**	—	—
大连 0.36**	—	—
昆明 0.36*	—	—
成都 0.35*	—	—
石家庄 0.34*	—	—
济南 0.31*	—	—
乌鲁木齐 0.31*	—	—

结合上述统计检验结果，本研究的核心假设能够得到验证，也即针对国际社交媒体与中国城市相关的海量帖子而言：帖子的内容相似程度与帖子的传播热度之间呈正相关性，热度越高的帖子，相互趋同的程度越高。这种内容趋同规律在随机抽样的中国城市中是普遍存在且具有显著性的。

四、结论与讨论

本文以 Twitter 为例，对我国不同等级、区域、类型的 30 个城市历时 6 年的传播数据进行实证分析，证实了传播内容趋同与传播热度之间存在的共变逻辑。研究的核心创新点在于：首次明确提出并证实了国际社交媒体中，中国城市传播普遍存在的内容趋同及其分布规律。这并非是单一或个别城市的传播内容趋同现象，而是中国城市整体存在的、与传播热度及其体现的媒介逻辑密切相关的内容趋同发展态势。

一方面，城市国际社交媒体传播中的内容趋同及其发展、演变规律，可能蕴含着"越传播，越趋同"的内在风险与传播约束。当前，中国在推进国际传播能力建设，提升国际传播效果上耗费了巨大的传播资源。但是，越是在国际社交媒体中产生良好传播效果的内容，往往不是差异化、多样化的，而是具有走向同质化的趋势。这种内容的趋同及其发展态势可能会导致国际社交媒体中，与某一城市相关的有效传播信息始终被束缚在同质化的内容领域之中。有限的同质化内容将获得越来越多的"可见性"与关注度，其他丰富的内容则在这个过程中失去能见性与流动性，从而使中国城市陷入"越传播、越趋同"的传播困境之中，难以呈现"真实、立体、全面"的城市形象。另一方面，国际社交媒体中与城市相关的热门内容走向趋同而非保持多样化，也有助于我们增强对从城市文化和城市实体形象的多样性，到城市媒介形象和网络空间的城市传播多样性维度的反思。城市的规划与设计强调多样性，多样性是城市可持续发展的核心要素[48]。正如著名美国城市规划学家简·雅各布斯（Jane Jacobs）强调"多样性是城市的天性"，"城市多样性的产生，无论来自何方，都和一个事实相关：即城市拥有成千上万的人口，而他们的兴趣、品位、需求、感觉甚至偏好又都是五花八门和千姿百态"。[49]城市规划建设领域的多样性包括城市景观格局多样性、城市空间形态多样性、城市文化生态系统多样性等，这些都指向了城市形象客观层面的多样性[50, 51]。但正如澳大利亚学者斯科特·麦奎尔（Scott McQuire）所言，"21世纪的社会生活日益成为生活在媒体城市中的生活"[52]，随着"媒介城市"越来越成为城市的重要部分，社交媒体中以文本、数据等对城市进行"再现"与描述的"媒介形象"却走向了热门与有效内容的同质化。人们本该关注并欣赏每个城市展现出来的多元性与丰富性，但物理意义上的多样化城市却被媒介意义上的趋同"城市"所限制，导致城市形象始终难以得到多样的呈现。

基于此，对于城市国际传播而言，国际社交媒体城市传播中的内容趋同及其媒介逻辑既是需要重视的传播现实，也需要政府及相关部门采取针对性的传播策略。首先，要加强对于国际社交媒体中与中国城市相关的传播内容及舆情监测，并积极主动地输出中国城市自己的声音与故事。各城市要善于主动引导与城市相关的热门话题，成为国际社交媒体城市场域议程的设置者与引导者，掌握话语权；其次，在传播过程中要努力实现传播有效性与传播丰富性两者的结合。协调好传播内容的集中性、话题性与题材、内容的丰富性之间的矛盾，避免过度迎合平台的热门话题或流行的内容及话语风格，而是充分地将城市景观、空间格局、产业生态、历史人文等多元化的实体城市形象素材以社交媒体平台喜闻乐见的呈现方式进行传播，展现中国城市全面、多元的形象。

最后，在国际传播中往往注重提升传播效果。但是对城市传播而言，充分有效的传播就一定是好的吗？当内容进行充分流动，并产生良好的传播效果之后，一定能够带来城市形象的充分展现，还是会导致城市的多样性在产生良好传播效果的过程中被逐渐遮蔽？这也是城市传播内容趋同及其媒介逻辑留给我们需要做的理论反思，也是重要的实践反思。

本文有待继续深化之处如下：第一，城市传播内容随着传播热度的变化展现出对应的同化现象，从另一个层面来说也可能是中国城市在国际传播过程中产生的一种新的"凝聚"，即各个城市在全球用户之间逐渐建构出较为稳定的城市印象。但是，由于我国城市整体国际传播能力仍然较弱，因此热门内容趋同背后存在的潜在隐忧是海外公众对中国的刻板印象在中国城市领域的又一复制。特别是在国际社交媒体平台西方媒体及用户占据主导权这一特殊背景下，热门传播内容可能会不可避免地体现出西方对于东方的描述与呈现。借鉴萨伊德在东方学中提出的观点[53]，西方用户看见的、讨论的可能并不是真实、全面的中国城市，而是与西方相对的"东方"城市。因此，未来有待加强对热门内容背后的内容特征以及趋同原因的深入研究。第二，Twitter中涉及多国语言，本文中采用BERT模型尽管具有一定的前沿性，但今后也有待采用更好的技术手段对帖子内容进行向量化转换，则分布规律会更加稳定，其刻画程度也更优良。第三，本文所述的对象仅限于Twitter，在其他国际社交媒体平台中结论是否成立及其具体特点有待进一步研究。

参考文献

[1] NYE J S. Soft power, foreign policy [R]. 1990, 8: 153-171.

[2] Digital2020.Global Digital Overview [J/OL]. (2020-01-30) [2022-07-15]. https://datareportal.com/reports/digital-2020-global-digital-overview.

[3] 钟智锦，王友.网民意见表达中的城市形象感知：以广州为例[J].新闻与传播评论，2020（1）：95-106.

[4] 栾轶玫.社交媒体：国际传播新战场[J].中国传媒科技，2012（6）：19-21.

[5] BOY J D, UITERMARK J. Capture and share the city: Mapping Instagram's uneven geography in Amsterdam [C] //Conference "The Ideal City Between Myth and Reality. Representations, Policies, Contradictions and Challenges for Tomorrows Urban Life", Urbino, 2015.

[6] ZASINA J. The Instagram image of the city. Insights from Lodz, Poland [J]. Bulletin of Geography Socio-Economic Series, 2018, 42(42): 213-225.

[7] AMBORD P. Authenticity in tension with homogeneity in grassroots place branding [J]. Place Branding and Public Diplomacy, 2021, 17(4): 348-358.

[8] 杨枭枭，李本乾.国际社交媒体涉华内容传播机制研究[J].中州学刊，2019(9):162-167.

[9] HUANG J X, OBRACHT-PRONDZYNSKA H, KAMROWSKA-ZALUSKA D, et al. The image of the city on social media: A comparative study using "Big Data" and "Small Data" methods in the tri-city region in Poland [J]. Landscape and Urban Planning, 2021(206): 103977.

[10] 宋凯.北京文化形象的媒体呈现：基于大数据和社会网络分析方法[J].现代传播（中国传媒大学学报），2020，42（10）：18-24.

[11] 张春波.形塑中国：YouTube视频对中国形象的表征[J].现代传播（中国传媒大学学报），2013，35（9）：53-57.

[12] 张春波.YouTube个人发布视频对中国形象的编码与解码[J].首都师范大学学报（社会科学版），2014（3）：70-77.

[13] 王沛楠.中国互联网企业海外短视频平台上的中国形象分析：以短视频平台TikTok为例[J].电视研究，2019（4）：30-32，57.

[14] ALTHEIDE D L, SNOW R P. Media logic [M].Beverly Hills, Calif.: Sage Publications, 1979.

[15] VAN DIJCK J, POELL T. Understanding social media logic [J]. Media and Communication, 2013, 1(1): 2-14.

[16] KLINGER U, SVENSSON J. The Emergence of network media logic in political communication: A theoretical approach [J]. New Media & Society, 2015, 17(8): 1241-1257.

[17] HJARVARD S. The Logics of the media and the mediatized conditions of social interaction [M]// Media Logic(s) Revisited. Cham: Palgrave Macmillan, 2018: 63-84.

[18] LI N, ANDERSON A A, BROSSARD D, et al. Channeling science information seekers' attention? A content analysis of top-ranked vs. lower-ranked sites in google [J]. Journal of Computer-Mediated Communication, 2014, 19(3)：562-575.

[19] 徐翔，王雨晨.社会回音室：网络传播中的信息趋同及其媒介逻辑：基于"今日头条"样本的计算传播学分析[J].国际新闻界，2021，43（7）：99-124.

[20] 韦路，胡雨濛.中国微博空间的议题呈现：新浪热门微博实证研究[J].浙江大学学报（人文社会科学版），2014（2）：41-52.

[21] HODSON J, PETERSEN B. Diversity in Canadian election-related Twitter discourses: Influential voices and the media logic of #elxn42 and #cdnpoli hashtags [J]. Journal of Information Technology & Politics, 2019, 16(3): 307-323.

[22] 何敏华，张端明，王海艳，等.基于无标度网络拓扑结构变化的舆论演化模型[J].物理学报，2010，59（8）：5175-5181.

[23] WU Y, WONG J, DENG Y M, et al. An Exploration of social media in public opinion convergence: Elaboration likelihood and semantic networks on political events [C] //2011 IEEE

[24] Ninth International Conference on Dependable, Autonomic and Secure Computing. Sydney: IEEE, 2012: 903−910.

[24] 麦库姆斯.议程设置［M］.2版.郭镇之，译，北京：北京大学出版社，2018：52−53.

[25] XIANG D B. China's image on international English language social media［J］. Journal of International Communication, 2013, 19(2): 252−271.

[26] 相德宝.国际自媒体涉华舆情现状、传播特征及引导策略［J］.新闻与传播研究，2012（19）：73−83，110−111.

[27] 陈云松，吴青熹，张翼.近三百年中国城市的国际知名度基于大数据的描述与回归［J］.社会，2015，35（5）：60−77.

[28] 董琇.美国媒体笔下的江南城市形象研究：以上海、苏州为例［J］.同济大学学报（社会科学版），2019，30（4）：103−114.

[29] 刘晶.中国新一线城市的全球媒介形象研究：基于NOW语料库的涉杭报道实证分析（2010—2017）［J］.青年记者，2020（12）：44−45.

[30] XUE K, CHEN X, YU M Y. Can the World Expo change a city's image through foreign media reports?［J］. Public Relations Review, 2012, 38(5): 746−754.

[31] BODRUNOVA S S, SMOLIAROVA A S, BLEKANOV I S, et al. Content sharing in conflictual ad-hoc Twitter discussions: National patterns or universal trends?［C］//International Conference on Digital Transformation and Global Society. Cham: Springer, 2017：3−15.

[32] 李蕾蕾.旅游目的地形象的空间认知过程与规律［J］.地理科学，2000，20（6）：563−568.

[33] FAN H, POSHINOVA A. Beijing capitalness and related challenges — Russian media perspective［J］. Place Branding and Public Diplomacy, 2016, 12(1): 32−45.

[34] 龚为纲，张严，蔡恒进.海外自媒体中涉华舆情传播机制的大数据分析：基于Reddit平台的海量舆情信息［J］.学术论坛，2017，40（3）：21−31.

[35] 龚为纲，朱萌，张赛，等.媒介霸权、文化圈群与东方主义话语的全球传播：以舆情大数据GDELT中的涉华舆情为例［J］.社会学研究，2019，34（5）：138−164.

[36] VAROL O, FERRARA E, DAVIS C, et al. Online human-bot interactions: Detection, estimation, and characterization［J］. Proceedings of the International AAAI Conference on Web and Social Media, 2017, 11(1): 280−289.

[37] WOJCIK S. 5 Things to know about bots on Twitter［J/OL］. (2018-04-09)［2022-07-15］. https://www.pewresearch.org/fact-tank/2018/04/09/5-things-to-know-about-bots-on-twitter/.

[38] BOLSOVER G, HOWARD P. Chinese computational propaganda: Automation, algorithms and the manipulation of information about Chinese politics on Twitter and Weibo［J］. Information, Communication & Society, 2019, 22(14): 2063-2080.

[39] 师文，陈昌凤.分布与互动模式：社交机器人操纵Twitter上的中国议题研究［J］.国际新闻界，2020，42（5）：61−80.

[40] 李阳阳，曹银浩，杨英光，等.社交网络机器账号检测综述［J］.中国电子科学研究院学报，2021，16（3）：209−219.

[41] 高明霞，陈福荣.基于信息融合的中文微博可信度评估方法［J］.计算机应用，2016，36（8）：2071−2075+2081.

[42] DEVLIN J, CHANG M W, LEE K, et al. BERT：Pre-training of deep bidirectional transformers for language understanding［EB/OL］. (2018)［2022-07-15］. arXiv：1810.04805.https://arxiv.org/abs/1810.04805.pdf.

[43] 杨飘，董文永.基于BERT嵌入的中文命名实体识别方法［J］.计算机工程，2020，46（4）：40−45，52.

[44] 汤景泰，陈秋怡.意见领袖的跨圈层传播与"回音室效应"：基于深度学习文本分类及社

网络分析的方法［J］.现代传播（中国传媒大学学报），2020，42（5）：25-33.

［45］张振亚，王进，程红梅，等.基于余弦相似度的文本空间索引方法研究［J］.计算机科学，2005，32（9）：160-163.

［46］武永亮，赵书良，李长镜，等.基于TF-IDF和余弦相似度的文本分类方法［J］.中文信息学报，2017，31（5）：138-145.

［47］李其申，屈喜琴，管俊.三关联规则的相似性度量与聚类研究［J］.计算机工程与设计，2012，33（2）：745-749.

［48］仇保兴.紧凑度与多样性：中国城市可持续发展的两大核心要素［J］.城市规划，2012，36（10）：11-18.

［49］简·雅各布斯.美国大城市的死与生［M］.金衡山，译，上海：译林出版社，2005.

［50］沈清基，徐溯源.城市多样性与紧凑性：状态表征及关系辨析［J］.城市规划，2009，33（10）：25-34，59.

［51］侯鑫.基于文化生态学的城市空间理论：以天津、青岛、大连研究为例［M］.南京：东南大学出版社，2006.

［52］斯科特·麦奎尔.媒体城市：媒体、建筑与都市空间［M］.邵文实，译.南京：江苏教育出版社，2013：1-2.

［53］萨义德.东方学［M］.王宇根，译.北京：生活·读书·新知三联书店，2019.

Convergence and Its Media Logic of China's City Tweets in International Social Media—An Empirical Study Based on BERT with Twitter Data

Abstract: The convergence of content of city communication on international social media has become an important theoretical and practical issue that received broad academic focus. But the media logic behind content convergence still lacks attention. Based on the BERT model, we analyze social media data related to 30 cities in China from Twitter. The 30 cities were randomly selected from 337 cities in China, and all relevant tweets in these cities from January 1, 2015, to December 31, 2020. The text mining and statistical analysis results show that: There is a positive correlation between the degree of convergence of information and the degree of mediated transmission; the higher clout, the stronger similarity within its group. International communication and urban communication need to pay attention to this content convergence mechanism, to fully examine the internal risk and realistic dilemma of "the more the information dissemination, the more the content assimilation" in international social media, and to spread the "true, three-dimensional and comprehensive" image of Chinese cities to the hearts of global users.

Key Words: City international communication, Social media, Information covergence, Media logic, BERT model

中国式现代化发展中的城市更新

王 荔[1]

摘要：中国式现代化发展中的城市更新，正处于从粗放化、外延式增量发展转为精细化、内涵式存量提升发展的阶段。一座城市的更新发展，承载着人民群众对美好生活的向往。在习近平总书记"六个必须坚持"发展观指引与国家治理体系建设的总体框架下，城市更新也将更加注重城市内涵发展，更加强调城乡融合发展，更加重视人居环境的改善和城市活力的提升，发挥历史文化在社会发展中凝聚人、引导人、激励人的正向作用。在城乡更新中，只有在对于历史文化保护传承具有理性认识和科学规划之下，明确国、省、市（县）、乡（镇）、村五级联动的保护传承体系的框架与层次，我们才能够做好保护对象体系的建设、管理和价值认知等工作，讲述好城乡历史文化的中国故事。

关键词：中国式现代化；人民城市；城市更新；城乡融合；历史文脉

---

[1] 王荔，同济大学艺术与传媒学院教授。

一、更新中的人民城市

2019年，习近平总书记在上海市杨浦滨江考察时明确提出了"人民城市人民建，人民城市为人民"为核心论断的"人民城市理念"，为新时代城市更新工作指明了方向。2022年10月16日，坚持"人民城市人民建、人民城市为人民"作为新时代中国城市发展的指导思想，写入党的二十大报告，成为马克思主义中国化时代化新篇章上浓墨重彩的一笔。

随着研究深入开展，史料不断出现，据公开可查信息，较早提出"人民城市"概念的是上海市人民政府首任市长陈毅。他在1949年5月27日上海市人民政府成立大会挂牌仪式上宣告："上海今天已成为人民的城市，屹立于世界上！"而精准表述"人民城市"的较早代表文献有1951年1月14日的《长江日报》社论——《人民的城市和人民的乡村》[1]。该社论提道："这些新的问题集中起来，就是如何建立土改期间的人民城市和人民农村之间的正确关系。"文章主要讨论了城市如何援助农村土改，农村如何"保护人民自己的城市"，其核心概念折射映照出较强的时代主旨色彩。1978年3月，国务院召开的第三次全国城市会议，针对城市建设"与发展经济和不断改善人民生活的要求不相适应"等实际问题，明确提出"要正确执行'人民城市人民建'的方针"。随后，中共中央转发的会议精神文件也是目前较早出现"人民城市"精准表述的官方文献（中发〔1978〕13号，1978年4月4日）。总而言之，"人民城市"这一概念并非直接摘抄自马克思主义经典的文本，而是将马克思主义基本原理同中国城市建设实际不断结合的时代创造，是以坚持走独立自主中国道路为前提且内涵持续丰富的概念。直至当下，"城市更新"更加成为"人民城市理念"中不可或缺的重要组成部分，也成为中国式现代化城市发展进程中重要的环节之一。"万物得其本者生，百事得其道者成。"科学的世界观和方法论是我们认识世界、改造世界的锐利思想武器。习近平总书记进而又提出了"六个必须坚持"[1]："必须坚持人民至上、坚持自信自立、坚持守正创新、坚持问题导向、坚

---

1 习近平总书记在参加党的二十大广西代表团讨论时所指出的"六个必须坚持"思想。

持系统观念、坚持胸怀天下。"这"六个必须坚持"深刻揭示了我党执政规律、社会主义建设规律、人类社会发展规律的认识已经达到了又一个新的高度,具有重大理论引领意义和实践指导意义,当然,对于城市更新而言,同样具有上述意义。比如,坚持"人民至上"既反映了运用辩证唯物主义处理人与自然、人与人矛盾关系的价值取向,又蕴含着人民群众是历史创造者这一唯物史观的根本观点。而坚持"自信自立"与坚持"问题导向"则凸显了"中国的问题必须从中国基本国情出发,由中国人自己来解答"的基本观点,也彰显了"把马克思主义思想精髓同中华优秀传统文化精华贯通起来、同人民群众日用而不觉的共同价值观念融通起来"的强大自信,将认识问题和解决问题相统一。问题是时代的声音,回答并指导解决问题则是理论的根本任务,贯彻"六个必须坚持",我们就能将辩证唯物主义和历史唯物主义贯通起来,更好地加快推进中国式现代化城市更新建设。

中国式现代化中所涵盖的五个重要特征与"六个必须坚持"的核心内涵不谋而合,我们同样也要通过不断认识、学深、悟透、笃信中国式现代化这五个重要特征,以加深理解"城市更新"拓展为"城乡更新"理念的更加合理性,更能顺应中国国情在新时代客观发展的规律所在。将中国式现代化之五个重要特征与"六个必须坚持"的共同核心点归纳如下:(1)中国式现代化是人口规模巨大的现代化,其中居住在乡村的人口为50 979万人,占36.11%[1]。这就决定了农业农村现代化在中国式现代化进程中具有难以替代的作用,意味着我们必须独立自主地走自己的城乡融合发展之路。(2)中国式现代化是全体人民共同富裕的现代化,这是由社会主义的根本价值追求所决定的。推动现代化的全部过程也必须是全体人民共同参与,体现中国式现代化的人民主体性,一切成果必须为人民共享,尊重人民创造、集中人民智慧。(3)中国式现代化是物质文明和精神文明相协调的现代化,这是马克思主义促进人的全面发展价值追求的现实体现。我们既要坚守和坚持中国式现代化的中国特色、本质要求和重大原则,也要立足问题导向,不断探索和解决现代化建设过程中不断出现的各种

---

1 中新网客户端5月11日电:国家统计局11日公布第七次全国人口普查主要数据结果。数据显示,中国居住在城镇的人口为90 199万人,占63.89%;居住在乡村的人口为50 979万人,占36.11%。与2010年相比,城镇人口增加23 642万人,乡村人口减少16 436万人,城镇人口比重上升14.21个百分点。

新挑战、新问题，以问题意识，与时俱进，创新发展。（4）中国式现代化是人与自然和谐共生的现代化，这是马克思主义生态文明思想的应有之义。事实已经证明，生态资源价值化实现，要靠生态产业化和产业生态化，最终实现生态资本深化。而生态资源价值化才能让过剩的资本与生态资源结合，形成资源的资本化过程。（5）中国式现代化是走和平发展道路的现代化，这是马克思主义立足于整个人类解放的世界历史理论的当代实践。中国式现代化是一个海纳百川、开放包容的历史发展过程，这就要求我们敞开胸怀，积极学习和借鉴各国现代化过程中的有益经验和共同特征；也要求我们把中国式现代化建设与推动人类命运共同体有机结合，不断拓宽视野，放眼世界。积极回应人类面临的共同问题，以中国式现代化发展为人类文明作出新贡献，以中国式现代化建设为世界和平发展作出新贡献。

人民的城市人民建，城市更新建设同样也是为了人民。中国式现代化发展中的城市更新，正处于从粗放化、外延式增量发展转为精细化、内涵式存量提升发展的时期。一座城市的更新发展，承载着人民群众对美好生活的向往。只有始终坚持以人民为中心，坚持推动以人的全面发展为目的的现代化，才能够使人民在中国式现代化建设或更新发展中时刻保持归属感、获得感和幸福感。

二、城市更新与"城乡融合"

在中国式现代化建设的推动下，"城市"的概念已在一定程度上被"城乡"的概念所替代。因而"城市更新"一词在更多场合也逐步被替换成了"城乡更新"。

习近平总书记指出，在现代化进程中，如何处理好工农关系、城乡关系，在一定程度上决定着现代化的成败。国务院于2022年7月批复同意的《"十四五"新型城镇化实施方案》（以下简称《实施方案》）就推进城乡融合发展设置专篇，强调要坚持以工补农、以城带乡，以县域为基本单元、以国家城乡融合发展试验区为突破口，逐步健全城乡融合发展体制机制和政策体系，为加快构建"十四五"时期城乡融合发展新格局指明了具体路径。同时，《实施方案》是为深入贯彻《中华人民共和国国民经济和社会发展第十四个五年规划和 2035 年远景目标纲要》和《国家新型城镇化规划（2021—2035 年）》，坚持走以人为本、四化同步[1]、优化布局、生态文明、文化传承的中国特色新型城镇化道路，明确"十四五"时期深入推进以人为核心的新型城镇化战略的目标任务和政策举措而制定的实施方案。

该《实施方案》明确指出，推动先进要素向农村流动，促进各类生产要素在城乡间双向自由流动和平等交换，是打破城乡二元结构的关键。如何做到入乡就业创业人员在原籍地或就业创业地落户并依法享有相关权益等，让人才"入得了乡、留得住根"，不仅是城乡更新的前提保证，也是今天高校在人才培养和教学改革理念中急需要跟进的重要方面。在"钱"和"地"的方面，除了逐步提高地方土地出让收益用于农业农村比例，在依法合规、风险可控前提下，下沉服务重心、加强信贷支持，同时，支持有技能、有管理经验的农民工等人员返乡入乡创业，建立科研人员入乡兼职兼薪和离岗创业制度，坚决守住土地公有制性质不改变、耕地红线不突破、农民利益不受损三条底线，在实现好、维护好、发展好农民权益的同时，促进城乡公共资源合理配置，让城乡居民共享现代化建设成果。所以，在当下的城乡更新中，推动城乡一体规划设计，促进城镇公共服务向乡村覆盖、城镇基础设施向乡村延伸便成了重中之重。基础设施方面包括在有条件的地区推进城乡供水一体化。发展联结城乡的冷链物流、配送投递和农贸市场网络。建设数字城乡融合发展，以需求为导向逐步推进 5G 网络和千兆光网向乡村延伸，以逐步做到城中有村，村城相依的宜居生态环境。

在规划设计方面，如何实现市、县与乡村功能衔接互补，通盘考虑土地利用、产业发展、居民点建设、人居环境整治、生态保护、防灾减灾和历史文化传承是摆在我们面前亟须破解的问题。即便在北京、上海、广州、杭州等一二线城市也是一样，统筹开展县域城镇和村庄规划建设，全面完成县级国土空间规划编制，结合实际编制乡镇国土空间规划，鼓励有条件的地区编制实用性村庄规划，等等，都成了当务之急。在这个过程中，必须严格保护农业空间和生态空间，坚决遏制耕地"非农化"和严格管控"非粮化"成了重中之重。

1　四化同步，是指坚持走中国特色新型工业化、信息化、城镇化、农业现代化道路，推动信息化和工业化深度融合、工业化和城镇化良性互动、城镇化和农业现代化相互协调，促进工业化、信息化、城镇化、农业现代化同步发展。

中共中央在1982年至1986年连续五年发布以农业、农村和农民为主题的中央一号文件，对农村改革和农业发展作出具体部署。2004年至2023年又连续二十年发布以"三农"为主题的中央一号文件，强调了"三农"问题在中国式现代化建设时期"重中之重"的地位。"三农"问题为什么如此重要？与城市更新又有何关联？习近平总书记高屋建瓴，坚持用创新的思路和办法抓"三农"工作，2020年12月28日，他在中央农村工作会议上的讲话很好地回答了上述问题。讲话表达了三层意思：一是我们要坚持用大历史观来看待农业、农村、农民问题，只有深刻理解了"三农"问题，才能更好理解我们这个党、这个国家、这个民族；二是从中华民族伟大复兴战略全局看，民族要复兴，乡村必振兴；三是从世界百年未有之大变局看，稳住农业基本盘、守好"三农"基础是应变局、开新局的"压舱石"。"三农"向好，全局主动。不难理解，三层意思为我们诠释了以乡村振兴为内涵建设的国家战略转型的根本意图。尤其当我们告别短缺，进入产业资本、商业资本、金融资本"三大过剩"的时代，不妨再对2015年中央提出"三去一降一补"（去产能、去库存、去杠杆，降成本、补短板），先后发布的针对工业、农业、金融三个供给侧结构性改革文件作回顾深读思考，就能够对为什么要一再强调乡村振兴是应对全球化挑战的压舱石有进一步的理解。实际上，人类社会是一个和自然资源多样性紧密结合的社会，生态资源本身存在结构上不可分割的粘连性，就像是山、水、田、林、湖、草，虽然它们地属不同的行政区域，或分属于某个城市或乡村，但实际上它们永远是以构成大自然的整体部分而存在，其整体性与共通性决定了局部区域的基本生态状况与生存命运，包括直接对人类生命与生活质量所构成的直接影响。它们是21世纪发展内涵最为丰富的邻域之一，是国家具有真正开发潜力的地方。因此，只是停留在本区域以局部本位主义的狭窄视角认识与看待或作用于生态资源，尤其还只是停留在将城市与农村分割看待的视角，那么，最终是无法获得大自然良好环境才能给予人类的馈赠的，而必以自尝恶果而告终。同样，这也是人类命运共同体本质内涵所在。如果要让生态资源价值化，势必要靠起码在市县域及以上的生态产业化与产业生态化"两化"的互为转化才能实现。此"两化"也可视为是对"两山"理论（绿水青山就是金山银山）践行的具体做法。生态资源价值化才能让过剩的资本与生态资源结合，形成资源的资本化过程，最终实现生态资本的不断深化。这个过程，在《实施方案》中提出的"深化农村集体产权制度改革，创新农村集体经济运行机制，推动'资源变资产、资金变股金、农民变股东'，增加农民财产性收入[1]这一项"三变改革"措施中已经得到具体描述，以探索实现新型集体经济的重构。

2005年国务院曾发布面源污染普查报告指出，农业对面源的污染超过50%，说明我国最大的面源污染源于农业而非城市的生活污染。从农业调整方针来看，2006年国家已经提出调整农业生产方式。2008年党的十七届三中全会明确提出农业要转型为资源节约型和环境友好型，并要在2020年实现"两型农业"的发展目标。2017年，中央提出了要求转型为绿色生产方式的农业供给侧结构性改革，尽最大努力把面源污染降下来以实现一、二、三产业的融合。我们是否可以这样来理解"生态化"：只有当实现一二三产融合发展的时候，特别是绿色生产方式成为我们自觉发展的方向时，农业才不再是一个仅以转化为工业方式生产为目标的农业，而是回嵌到大自然万物生命链过程之中的产业，即生态化产业，也即绿色农业。而乡村振兴正是国家以生态文明为重大发展战略转型的依托或载体，没有广大乡村的生态文明建设为前提，又何来城市生态的健康发展呢。所以，城市更新取决于城乡融合发展在本质意义上的生态化绿色融合发展，取决于是否能够在这个邻域练好内功，夯实基础，稳住这块压舱石。

历史还证明了兴农富民，民富农兴，是奠定国家强盛的基础。始夏、强秦、隆汉、盛唐等伟大时代都是以治水与重农换来的盛世。从大禹治水、秦代都江堰到隋唐时代的大运河，均表现出中华民族伟大的创新精神和强大的综合治理国力，以筚路蓝缕雄起当世并不断激励后世百代。

再看看"康乾盛世"。从康熙初年到乾隆末年的130多年间，全国耕地面积由5亿亩增至9亿亩，这个数字已经相当于21世纪中国耕地总数的一半。在《全唐诗》成书十年前的初春，紫禁城的"体仁阁"内举行过一次特殊的考试，史称"博学鸿词制科"。这次考试的策论题目是"以天下为一家，论省耕"。谈论"天下一家"是为了强调民族融合，"省耕"则是为了选拔对农业生产情况

---

[1] 《国家发展改革委关于印发"十四五"新型城镇化实施方案的通知》中:（四十九）多渠道增加农民收入。

有深入了解，能够为发展经济出谋献策之才。今天的大学又何尝不是为了国家培养有用人才为己任，在中国乃至在世界，只要有人类生存，涉及"生态文明"便是头等大事，每一处的山、水、田、林、湖、草都与人类生命息息相关。

以史鉴今，举一反三。从城市更新引发对城乡融合发展为前提的思考，可以说是触及了历史的和国家的，甚或是人类生存的命题。今天我们要实现城市的"生态文明"与"共同富裕"，仍然要从乡村做起，从县域综合统筹做起。

三、城乡更新与历史文脉

2020年12月，习近平总书记在中央农村工作会议上指出，"要把县域作为城乡融合发展的重要切入点，赋予县级更多资源整合使用的自主权，强化县城综合服务能力"。而城市更新，或者说城镇化建设的主战场开始由大幅度城市转向并延伸至县（镇）城乡，这与贯彻执行2022年5月6日中共中央办公厅、国务院办公厅印发的《关于推进以县城为重要载体的城镇化建设的意见》（以下简称《意见》）相关。该文件内容翔实细致，犹如是一个行动方案，宛若一幅蓝图，绘就了市、县、乡（镇）、村联动建设的美好前景。

《意见》还进一步指出，要统筹发展和安全，严格落实耕地和永久基本农田、生态保护红线、城镇开发边界，守住历史文化根脉，防止大拆大建、贪大求洋。《意见》明确："城乡历史文化保护传承体系是以具有保护意义、承载不同历史时期文化价值的城市、村镇等复合型、活态遗产为主体和依托，保护对象主要包括历史文化名城、名镇、名村（传统村落）、街区和不可移动文物、历史建筑、历史地段，与工业遗产、农业文化遗产、灌溉工程遗产、非物质文化遗产、老字号地名文化遗产等保护传承共同构成的有机整体。"这一体系可以理解为是历史文化名城保护的"四梁八柱"[1]。"四梁八柱"论，也是以习近平同志为核心的党中央提出的一种改革思维与改革方法论。"四梁八柱"是

---

1 "四梁八柱"本源于中国古代传统的一种建筑结构称谓，靠四根梁和八根柱子支撑着整个建筑。四梁、八柱代表了建筑的主要结构。

形象的比喻，强调我们的改革要有一个基本的主体的框架。在城乡更新中，只有在对于历史文化保护传承具有理性认识和科学规划之下，明确中央、省、市（县）、乡、村五级联动的保护传承体系的框架与层次，我们才能够做好保护对象体系的建设、管理和价值认知等工作，进而讲述好城乡历史文化的中国故事。此外，《意见》对保护传承体系的阐释中，把城市、村镇等复合型、活态型遗产作为"主体和依托"，而不单只是单体的建筑或遗址。这反映了国际文化遗产保护学术界的共识趋势，即从对单体的认识与重视到对整体的认识与重视。这是对人类历史文化遗产价值在认识上的突破。一种历史风貌，一座单体建筑遗存或一处文化遗址，其价值在一个相对有机完整的环境中才能充分呈现出来，才能够对其历史发展的必然性作出判断。换句话说，每一个单体都很重要，但是多个单体的聚合形成的聚落、环境的文化系列谱系，势必更加能够彰显出其独特而真实的历史文化价值。"有机整体"，当然还包括了在人类历史发展进程中不同时间段形成的各种类型的遗产在形成过程中的一体化，它们所呈现的历史风貌与时代特征，更加能够激发出人们的乡愁情感和历史使命感。此外，具有对"有机整体"还缺少全面认识的"重古代、轻近现代"思想的人还大有人在，表现在只是重视保护年代久远的重要史迹、精品建筑，对反映近现代民族奋斗历程特别是改革开放以来的20世纪遗产、工业遗产、手工业（作坊）等代表性遗存，体现不同时期乡土气息的民居以及非物质文化遗产等重视程度还远远不够。而这样的思想认识往往是造成大胆拆建的根源，在今天的城市更新中已经造成了部分历史文化城镇放眼看去便缺少了本该有的城市层次与肌理感，扑面而来的是更新一致的建筑群体，单一模式的样式风貌，同质化的旅游产品，崭新的百年老店等。其城市面貌确实是得到了改善，却也同时失去了原有的文化风貌和文化根脉，就像是一个丢掉了灵魂的人，似他非他，千人一面。总之，更新反而让人觉得原来的老城变"假"了，故土也变"没"了。

时代更迭、社会变迁，一座城市历经了无数风雨，发生了许多故事，由此也积淀形成了具有深厚底蕴的特色城市文化。只有守住历史文化之根，方能赓续民族复兴之脉。保护传承不仅是一种历史责任，也是一种文化责任。笔者曾担任"中国当代村庄的浙江样本研究——台州沙滩村发展研究"项目负责人，带领研究团队对浙江台州黄岩县进行了实地调研与考察，尤其对沙滩村进行了发掘历史、摸清家底、究其发展规律以及盘活其历史文化的系统研究[2]。台州作为一个山水型生态海滨城市，"山、海、城"自然交融，历史文化遗产丰富。事实证明：随着台州府城文化旅游区成功创建国家5A级景区，这座"活着的古城"成为许多人向往的"诗和远方"。对于历史文化保护工作和继承好历史文化遗产，台州市坚持应保尽保、以用促保、用保互促的原则，先后已经营造了2个历史文化名城（临海市被命名中国历史文化名城，天台县被命名浙江省历史文化名城）、9个中国历史文化名镇、11个中国历史文化名村和131个中国传统村落，以及8处历史文化街区和496处历史建筑等，终于迎来了人气火爆，文旅经济稳步上升的局面，处在黄岩西部的沙滩村也在其中。该村在历史文化保护工作和继承好历史文化遗产方面也同样遵循了应保尽保、以用促保和用保互促的原则，让村中的沙滩老街、黄氏忠应庙以及社戏广场等历史文化遗存焕发出新的勃勃生机。村民文化自信空前高涨，对自己宗族世代栖息和守护着这座山中小村感到无比自豪，越发自觉自愿地要为村庄的兴旺发达、繁荣富强而辛勤耕耘、奉献，拼搏和创新。村中古老的石头民居和青石板的小街小巷均成了网红打卡地，游客分享着那里的乡土历史传承文化气息，包括洋溢在村民脸上的幸福感和成就感。这些都说明了推进以县、乡镇和乡村为中心的城镇化建设，与守住历史文化根脉并不矛盾，在历史文化保护传承中，恰恰保护是基础，价值是关键，活化才是根本出路。历史文化保护在思想上有了突破，才会在其工作方法上有所突破，城乡更新才有可能在真正意义上更上一层楼。

城市与乡村尽管在很大程度上朝着融合的方向发展，但在历史文化形态方面仍然会留下不同的痕迹。城市文化遗产形态更为集中呈现的是建筑、市民的工业生产、生活空间以及文化内涵，而乡村文化遗产更多集中呈现了农业生产、农民生活过程。在文化内涵、空间、功能、结构方面都有显著的差别，作为文化遗产形态而言，它们的差异是极其明显的，包括了向城镇化转型的过渡形态。无论是城市还是乡村，其历史文化遗产所在的空间、文化形态、文化价值等彼此之间都无法取代，因此，以协同保护为原则开展工作，建立起更加合理的城乡历史文化保护传承体系，应该是尽责与使命担当的具体表现和落地方法。通过协同保护，才能留住并呈现出城市和乡村文化遗产的丰富多样性。相对于乡村而言，城市历史文化遗产保护的环境相对好一些，但由于发展速度快，稍有不慎或忽视，就会造成文化遗产的快速消亡，因此，对城市中历史文化遗产的抢救性记录和保护尤为重要。而在乡村，人们经济与物质生活发展一旦得到迅速提升，对历史文化遗产的认知和重视程度却还没有跟上的话，就等于埋下了文化遗产将遭遗弃的严重隐患。所以，还要在从市到乡联动治理的基础上，从最基本的机构、人员配备做起，由"顶层规划"人员作为组织牵头者，将遗产保护纳入城乡建设规划与更新的同步制定实施中。更何况我们今天还面临着人口从乡村高速流向城市的社会现状，即意味着在乡村实施文化遗产保护的时候，还要面临如何处理空心化的难题。反之，城市文化遗产保护要处理好大量外来人口与建设压力、城市本体保护之间的关系。总之，做好涵盖城乡整体性区域遗产调查与遗产保护规划，不失为目前积极向好的协同保护的主要工作方法。

例如，浙江正在积极践行文化遗产"在保护中发展、在发展中保护"的科学理念，通过遴选文化遗产点，联合设立文化遗产保护利用示范基地，探索开展文物多重价值挖掘、研究、阐释、保护、展览展示、活化利用等文化遗产保护利用全链条体系，推进文明探源实证工程。组织专家学者与相关人员积极主导或参与"考古中国"重大项目，聚焦世界稻作农业之源、中华文明之源、中国海洋文化之源等重点课题，实施浙江考古"启明星"计划，充分挖掘在全国乃至世界文明史上的价值，努力取得具有浙江辨识度的重要成果。统筹开展越文化、吴越国、宋韵遗址、温州古港遗址等考古研究。加快考古遗址公园建设。做精"浙江考古与中华文明"等项目。依托丝织品、陶瓷、玉器、茶叶等浙江特色文化内涵，推动学术研究国际化，进一步夯实浙江作为丝、瓷、茶之源的证据链。在城乡更新中深化文化基因解码工程，大力挖掘宋韵文化、阳明文化、南孔文化、和合文化等浙江省域特色文化内涵，通过培育省域文化标识增进文化自信。持续抓好浙江文化基因库建设，将培育30个文化基因解码成果转化利用示范项目[1]。加强世界文化遗产保护，推进上山文化遗址群、钱塘江

---

1 详见《浙江省文化和旅游厅关于抓好三个"一号工程"推进创新深化改革攻坚开放提升的实施意见》，2023年3月7日发布。

海塘·潮文化景观、温州古港遗址等申报世界遗产。着眼于让文物和文化遗产活起来，推进"文物+旅游""非遗+旅游"融合发展，深化"跟着考古去旅游"活动，策划打造文脉传承、文博之旅等各类主题游线。通过抓好文化地标重点项目建设，实施百亿元文化设施建设工程，高水平建成之江文化中心，持续提升国家版本馆杭州分馆、南宋德寿宫遗址博物馆等省域文化地标建设。加快中国京杭大运河博物馆、嵊州越剧博物馆、缙云黄帝康养特色小镇等一批区域性文化地标建设，共同推动文物资源与其他社会资源有效衔接，在坚守文物"保护第一"底线的同时，坚持文物的"有效利用"，以用促保，激发文物时代价值，让文物真正"活"起来。

实际上，我们已经在探讨或运用一种跨学科的遗产调查和价值认知方式，将考古、建筑、规划、社会学、人类学、艺术学等专业学科人员联合起来，建立起一种跨学科的知识体系和工作范式，以期在城乡多类型遗产形态之间建立起整体的、体系的、能够促进彼此协调的工作机制。在此，不得不提及大运河、长城、长征、黄河、长江五大国家文化公园。这五大国家文化公园的文化线路以线串珠，将散布的乡村文化点串联为城乡接合的文化带，促进城乡文化双向携手的融合发展。实际上，国家文化公园的建设就是在探索一种整体性的保护方式。国家文化公园都是线性的、跨区域，囊括了多个地区的城市与乡村的遗产。整个建设过程，即是探索如何通过资源联动、协调管理、建立相对统一的展示利用体系等方式的过程，将这些原本分散的遗产点相互联系起来，实事求是、灵活施策，而不是简单地一刀切。

另外，文化遗产保护事业正逐步形成"文化遗产+科技"融合发展的崭新局面，数字技术逐渐被引入文物领域，在助力文化遗产保护与活化利用方面成效显著。敦煌、云冈、龙门用数字技术尝试洞窟复原逐步完善，使不可移动的石窟变成了可移动可体验的"历史文物"。数字化技术支持对城乡古建筑保护的作用也尤其突出，浙江大学遗产研究院技术团队用数字技术将散落在世界各地的宋画做好档案并形成展览在各地展出，可谓影响深远。这些成功的案例都说明用最新的数字技术记录历史文化遗产切实可行并且传播更为方便快捷、传播范围更广，人们尽可能深入历史、解读历史已成为可能，在中国式现代化城市更新中促进中华文化走向世界。

参考文献

[1] 人民的城市和人民的乡村[N].长江日报,1951-01-14(1).
[2] 王荔,杨贵庆,陶小马.耕读致远:台州沙滩村发展研[M].杭州:浙江大学出版社,2021.

Urban Renewal in the Development of Chinese Path to Modernization

Abstract: The urban renewal in the development of Chinese path to modernization is in the period from extensive and coarse incremental development to refined and connotative stock upgrading development. The renewal and development of a city carries the people's yearning for a better life. Under the guidance of General Secretary Xi Jinping's "Six Persistences" concept of development and the overall framework of the construction of the national governance system, urban renewal will also pay more attention to the development of urban connotation, more emphasis on the development of urban-rural integration, pay more attention to the improvement of the living environment and the improvement of urban vitality, and give full play to the positive role of history and culture in uniting people, guiding and inspiring people in social development. In urban and rural renewal, only with a rational understanding and scientific planning of historical and cultural protection and inheritance, can we clarify the framework and level of the five level linkage protection and inheritance system of the country, province, prefecture, township (town), and village, and do a good job in the construction, management, and value recognition of the protection object system, telling the Chinese story of urban and rural history and culture.

Key Words: Chinese path to modernization, People's cities, Urban renewal, Urban-rural integration, Historical context

沉浸式传播视角下游客的地方感知
——基于武汉"知音号"的扎根研究

徐皞亮[1] 黄 骏[2]

摘要： 虚拟现实（Virtual Reality）技术的突飞猛进正推动着沉浸式传播从理论到实践的空前发展。本文以武汉"知音号"沉浸式体验剧的游客为研究对象，采用扎根理论对收集的网络文本进行分析，阐释"知音号"所建构的地方感，从中发现影响游客感知的主要因素。此外，通过与以往沉浸传播模式的对比，揭示出"知音号"所创造的"具身在场"的"实景式沉浸传播"新样态在应对现代性危机方面的有益探索，并在长久以来"重虚轻实"的沉浸式传播趋势中拓展新的研究视野。

关键词： 沉浸式传播；地方感；具身性；知音号

随着虚拟现实技术的迅猛发展以及在实际应用领域的开拓创新，与之相关的沉浸式传播在国内外逐步成为炙手可热的话题。从理论到实践，学者们涉足的领域不断扩展和深化。起先，沉浸式传播依靠虚拟现实技术，随后一批衍生技术如增强现实（Augmented Reality）、混

---

1 徐皞亮：华中科技大学新闻与信息传播学院博士研究生。
2 黄骏：中南民族大学文学与新闻传播学院副教授。

合现实（Mix Reality）也进入实践应用当中，为人们打造虚拟世界与现实世界无缝衔接的沉浸式体验。以往的研究主要聚焦沉浸式技术如何制造媲美实景的虚拟空间，从而给观众带来近乎真实的传播体验，如沉浸式新闻[1][2]、沉浸电影[3]、沉浸电视节目[4]以及沉浸式动画[5]。这些研究强调了虚拟现实再现场景的作用，但忽略了沉浸式技术与实体场景的结合。

体验经济的来临，沉浸式传播迎来一种新形态——沉浸式戏剧。与虚拟现实技术相比，它通过实物直接建构戏剧环境的场景表达，营造身临其境的文化氛围，推动受众进入沉浸状态，从而实现沉浸式传播。本文立足沉浸式传播的理论，从地方感的跨学科概念入手，以武汉"知音号"的游客为研究对象展开研究；采用扎根理论对收集的网络文本进行分析，阐释"知音号"所建构的地方感，从中发现影响游客感知的主要因素；围绕"知音号"的沉浸式传播模式，建立游客的多维感知体系，以此揭示新旧沉浸式传播对游客地方感知影响的区别，以及对推进沉浸传播研究的启发意义。

一、文献综述及研究方法

（一）沉浸式传播

具有"沉浸"意义的概念最早出现在心理学领域。20世纪60年代美国心理学家米哈里·契克森米哈赖（Mihaly Csikszentmihalyi）首次使用"心流"（Flow）一词。该词也被译作"沉浸"，指的是"当人们完全参与行动时所感受到的整体感觉"[6]，是能够推动个体完全投入某项活动或事物的一种情绪体验[7]。这一概念引起了学界的广泛关注，从心理学和休闲[8,9]到艺术生产和消费[10,11]，再到游戏[12,13]以及社交媒体[14,15]等诸多领域，研究者们对"沉浸"（沉浸感或认知刺激）的探索都表现出了浓厚的兴趣。

当数字技术发展到人机交互和虚拟现实阶段，学者们在对人的身心状态进行观察分析之余，也开始对环境信息的组成结构及对人的影响等进行研究，传播学意义上的"沉浸"（immersion）研究正是在这个时候起步。早期研究者主要围绕人的感官层面研究人的身体在虚拟环境中的"沉浸性"，认为虚拟现实技术实现了身体的"在场"。而沉浸式传播则是由虚拟现实系统创造出的，把用户代入一种存在于潜意识层面的传播与接受信息的状态和模式[16]。在前人理论探索的基础上,传播学者李沁[17]正式提出"沉浸传播"这一概念。她将其定义为:"以人为中心、以连接了所有媒介形态的人类大环境为媒介而实现的无时不在、无处不在、无所不能的传播。它所实现的理想传播效果是让人看不到、摸不到、觉不到的超越时空的泛在体验。"

随着研究的深入,传播学界对沉浸的认识逐渐从信息生产,转向更宽阔的受众体验领域[18]。沉浸式新闻报道为受众增添了身临其境的感受,使受众体会到全方位的现场代入感[19]。不仅是新闻业,文化娱乐产业也受到了虚拟现实技术带来的巨大冲击。周淑红[20]通过对电影《楚门的世界》和《黑客帝国》的比较分析,发现无论是基于实体环境构建的"沉浸"还是意识空间的"沉浸",人们总要面临在技术媒介时代如何自处的问题。方楠[21]从知觉的人工化、在场的孤独和视觉的依赖等方面提醒人们思考VR视频背后的文化隐喻,这种沉浸式体验可能会造成人的精神异化。另外,新闻与游戏的结合有可能为受众新闻消费带来全新体验[22],但虚拟现实技术运用不当也会导致新闻的真实性受损,甚至引发受众的认知偏差[23]。

无论如何,沉浸式传播研究始终是围绕人展开的,它在突出人在媒介叙事结构中的主体性的同时,也反映了人对媒介的深度依赖,以及日益媒介化的生活环境[24]。当数字技术将沉浸式传播推向高峰时,媒介则可以代替我们感受世界,通过"泛在"的网络技术将一切感官体验传达给人体,形成一种超越拟态环境的"超真实环境"[25]。张铮等[26]认为,现如今人们对"沉浸"的追求正在催生一个新的概念——"元宇宙"(Metaverse),它"已经超越了以VR、AR"等虚拟技术为代表的"沉浸传播","让观众从真实的体验进入虚构的世界,传达了创作者对于自我、万物、世界、宇宙等的新解读和新表达"[27]。不过,学者们对沉浸式传播引发的"媒介泛在化"和"无意识娱乐化"的趋势也保持了高度警惕。

(二)地方感与传播

地方感(sense of place)的概念源于地理学。20世纪70年代,随着地理研究的文化转向,以段义孚为代表的人本主义地理学者将"地方"引入人文地理研究中来，他们开始研究人与地方的情感联系，尤其是人在其中的主观能动性[28]。段义孚[29]认为，"当人的'恋地情结'变得很强烈的时候，地方与环境便成为情感事件的载体"。在他看来，"地方感"是人们对特定环境的感知，是一种人与地方之间情感的依附与满足，身份的构建与认同，是经过文化与社会特征改造的特殊的人地关系[29]。

莱弗[30]指出地方感并不是地理学家的发明，而是人们生来就有的能力，"它存在于每个个体身上，连接个体与这个世界，是我们对周围环境进行体验的不可或缺的组成部分"。斯蒂尔[31]进一步强调，"地方感是人与地方相互作用的产物，是由地方产生的并由人赋予的一种体验，从某种程度上说是人创造了地方，地方不能脱离人而独立存在"。基于此，古斯塔夫森[32]将地方感的形成归因于自我、他者以及环境三个层面的要素，即"三极地方意义的模式"。乔根森和斯特德曼[33]表明地方可以被看作一个态度对象，所有人与地方的联结都可以看作是一种态度。他们在实证基础上提出了测量地方感的模型，包括认知、意动和情感三个维度。

在大众传播时代，特别是信息媒介高度发达的现代社会，传播学与人文地理学逐渐聚焦传播媒介对地方感的影响。邵培仁[34]开宗明义地表明传播媒介与地方感的重关系："如果说古人地方感的产生主要是依靠亲身体验，那么，现代人地方感的产生则主要依靠媒介。"在他看来，媒介可以通过对地方整体、特殊和具体价值的肯定建构地方性。在网络时代，由于网络空间的空间性与人文主义地理学包含地方感的地方的空间性是相通的[35]，人们理解地方感应站在文化社会和文化哲学的高度上思考，尽可能地完善"回到地方"的理论诉求[36]。

如今移动互联网和数字技术蓬勃发展，有学者把视线转向抖音等时下最热门的社交媒体。如张中华等[37]通过研究媒介对城市地方感构建的影响与意义，进一步提出"数字地方感"的概念。吴玮等[38]特别重视媒介与人的直接互动以及地方意义生产，强调现代数字技术环境带来的全景式媒介生活及由此带来的地方意义改写。张明新等[39]从"媒介化社会"层面着眼，指出媒介生态的多元化景象为公众建构起庞大的拟态环境，这一环境对传播城市文化和塑造市民的心理归属感发挥着重要作用。综上所述，地方感在借助网络技术传播的过程中，展示了地方特性，而受众正是通过对这种感知的理解和反馈，生成自己的地方感。

（三）研究对象及研究方法

"知音号"是一部漂移式多维体验剧，也是一艘以20世纪30年代民国风格打造的大型主题演艺轮船。这一全新的沉浸式旅游体验项目，其轮船锚地位于武汉市汉口江滩五福旅游码头，轮船移动区域则涉及武汉两江四岸核心旅游区。"知音号"演出打破传统静态观演习惯，以沉浸式的演艺与互动，逼真还原民国大武汉的世相万千。该体验剧于2017年5月20日公演以来，综合接待游客超过70万人次，演出千余场，一直热度不减。2021年3月，在武汉市文化和旅游局等部门主办的评选活动中被评为"武汉十大景"。"知音号"体验剧已成为现象级文旅作品，受到本地以及全国各地游客的广泛热议，因此在各大旅游类社交媒体上拥有数量丰富的游记、点评，因而获取游客体验资料更为方便。所以，本文选取"知音号"作为研究案例。

本文运用扎根理论，对从国内主流旅游类社交媒体上收集来的信息数据进行区分、筛选、归纳，然后测量和分析受众（即"知音号"游客）是如何感知武汉的地方性。具体而言，本文从用户活跃度排名靠前的马蜂窝网、去哪儿网、穷游网中选取景点评论、游记攻略，并首先以"知音号"为关键词进行检索，然后以"武汉旅游"为关键词扩大检索范围。游记筛选的标准包括：时间跨度为2017—2022年；阅读量靠前；游览过程描述较完整，字数不少于100字，并且表达内容涉及了旅游地意象。根据筛选标准，最终采集的有效游客评论、游记，共计84篇，其中在马蜂窝上选取了48篇（M001-M048），包括42 143字的文本内容和631张配图照片；在去哪儿网上选取了16篇（Q001-Q016），包括15 745字的文本内容和155张配图照片；在穷游网上选取了20篇（Y001-Y020），包括3 611字的文本内容和41张配图照片。随后对文本资料进行预处理，如剔除文本中的符号表情、字母、数字以及与研究对象无关的语句。

本文所考察的内容发表时间跨度为2017年6月17日至2022年6月5日，基本吻合知音号首演至今的时间长度。方法上以扎根理论研究法为分析路径，对

61 499字的游记文本进行了词频分析,并自下而上建立了三个层级的编码,分别通过开放式编码、主轴编码以及选择性编码的操作过程展现分析结果。在概念化过程中,研究者对分析材料和概念维度的建构进行持续的对照和修正,既在编码时逐渐形成维度体系,也在维度体系的架构过程中持续发现新编码,并根据实证材料对编码进行调整、删除或合并。

二、"知音号"的沉浸式传播及游客感知维度

(一)"知音号"的沉浸式传播

沉浸式传播是一种"能够让传播受众达到沉浸状态的传播模式"[18],而沉浸式传播最主要的特征便是人与媒介的深度融合[1,2]。结合人文地理学"地方感"的相关理论,"人—媒介—地方"三者相互交融成为当今数字时代一种新型的互动场域。在这样的传播模式中,作为一个地方性表达的物质媒介,武汉"知音号"充分利用声、光、电技术手段,通过呈现地方意象、地方记忆、生活习俗等地方性元素营造出沉浸性的文化氛围,潜移默化地展演在受众面前。它以人际连通的方式不断建构和强化地方感,在很大程度上影响游客的地方认知、态度和行为,从而塑造城市形象,彰显城市精神,建构城市文化认同。

对于"知音号"来说,民国风格的老码头和蒸汽轮船本身就具有强烈的地方特色,反映了武汉作为一个内陆滨江城市的标志性文化:长江文化、码头文化。这种文化所具有的鲜明地方性,江、船、人,三者的交互关系形成了城。长江、码头、轮船组成的地方空间体系使游客对武汉的地方感知变得尤为凸显。而且,在空间内部,由于"知音号"与传统戏剧表现方式不同,无固定的观众区和表演区的。实际上,整艘船都是戏剧舞台,地方性空间被展现为四层各具特色的船舱及其内部场景,地方元素在场景中呈现为静态的实物道具和动态的戏剧表演。

上述是"知音号"沉浸式传播的空间特征,而其在时间维度上的特征体现在"知音号"的故事背景。它被设定为20世纪初叶大汉口的商业、社会生活,从"知音号"老码头拉开序幕,为游客设置了鲜活的民国文化实景体验区。游

客登上轮船，分层移步观看，参与发生在一百年前的武汉故事，具身式体验武汉独特的地方记忆——民国文化。这种时间代入感极强的文化氛围，使游客进入认知沉浸状态，出现"联觉""陶醉""时光穿越"等精神想象。船舱中陈列的一个又一个带有民国时代烙印的物品、身穿旗袍长衫的演员、回响的怀旧旋律，皆以历史复刻、记忆召回的方式让游客陷入情感沉浸之中，实现从视听系统到全感官系统的突破。

总体来看，"知音号"将码头、轮船作为一个完整的传播空间场域进行重新定位，重构了地方性文化产业价值链里的"生产资料"，在创建地方性的同时，也把内容创作的主动权交给游客，形成即时发生的文化传播结果和新的文旅景观。这种旅游体验模式在一定程度上实现了沉浸式传播在"地方感"建构中极其重要的导向：以地方的特殊性作为地方可再生的资源。利用这一特性，"知音号"发挥其沉浸式传播的优势，打破时空距离感对游客地方感知造成的阻碍，创造一个在地生活文化的传承、保护与展演空间，让轮船、码头与乘客之间的互动共同建构出一个本土历史文化与现代商业文化融合的传播载体。

（二）"知音号"的游客感知维度

"知音号"给游客营造的沉浸式体验的首要特征在于，游客在参与双向传播的过程中达到全神贯注、浑然忘我、物我同一的"具身在场"状态。这种游客沉浸体验的具身性转向，与现今沉浸式传播中兴起的"知觉沉浸"概念密切相关，即"具身是实现知觉沉浸的必备因素"[40]。人的感知可以分为感觉过程和知觉过程，知觉是感觉的深入和发展[41]。沉浸体验的实现过程是个复杂的心理过程，在游客的感觉和知觉共同作用下产生。当一个沉浸式场景呈现得足够逼真，游客从场景中获得充分的场景信息时，沉浸式体验便更容易生成。当场景的逼真程度超过游客的原有认知时，游客通常获得的体验感受更好，更容易形成深刻的记忆[42]。运用ROST CM 6对选取的文本进行分词词频统计后，去除介词、连词、数量词及其他无关词，得出的结果具有以下特征：统计出的前100位高频词的构成以名词和动词为主。其中，词频在100次以上的词汇有"知音、武汉、故事、演员、时间、表演、码头"（图1），这恰好反映了"知音号"体验剧给游客留下最深刻印象的是剧情故事和演员的表演。

图1 游客感知的总体特征构成词云图

纵观整个高频词类型,游客对所处的空间环境有着强烈感知,例如排名前列的"码头""房间""船舱""甲板""舞池""船上""酒吧"等词频,均在50次以上,是游客进入"知音号"后最先感受到的显性体验。同时,船在航行过程中的移动空间,也是游客对外部环境进行感知和体验的另一大类型,如"长江""城市""夜景"等。其次,游客对时间上的感知也是"知音号"的主要体验类型,特别是民国文化主题带给游客的穿越感,使百年前的时空与当下产生勾连,因此像"民国""年代""穿越""世纪"等成为高频词汇。"知音号"体验场景的细节表现,将游客被代入主体构建的沉浸式氛围,自觉参与剧情互动,在高频词中体现为"旗袍""明信片""邀请""换装""黄包车""长江"等。

三、"知音号"游客对武汉地方感知的时空向度

根据人文地理学研究对于"地方感"内涵的诠释,时间与空间两个维度是组成地方整体感知的核心元素。本文在编码分析"知音号"游客对武汉地方感知的过程中,亦发现时空维度是影响地方感呈现的关键变量,这正契合了段义孚所言,地方感是人以地方为媒介在特定时空下产生的情感联系[29]。因此,本文主要从时空维度对游客的地方感知进行编码。

通过对文本材料M001-M048、Q001-Q016进行开放式、主轴式和选择式三阶段编码,进而得出主要概念并建构理论;文本材料Y001-Y020被用于进

行饱和度检验，因未产生新的符码，故判断编码达到饱和。在编码过程中一个关键性主题逐步浮现出来，即沉浸式传播中游客地方感知的时空化表征。在该主题的统摄下依次进行开放式编码和主轴式编码，按照游客地方感知所呈现的空间特征和时间特征分别归拢于"空间感知"和"时间感知"两个主类属，对于其中既体现空间特征又体现出时间特征的符码则归入"时空感知"或曰"穿越感知"的主类属（表1）。

表1 游客情绪感知开放编码

积极情绪	热闹、繁华、好看、漂亮、不错、完美、超美、美好、惊喜、惊艳、奇妙、自由、欢快、欣喜、震撼、感动、泪目、新颖、憧憬、独特、有趣、有创意、有意思、有仪式感、有融入感、有诱惑力、触动人心、心旷神怡、惊叹不已、无与伦比、异彩纷呈、动人心弦、念念不忘、极不真实的美梦
中性情绪	一般、不同、大概、一样、随便、刚好、如此、幸亏、好奇、懵懂、差不多、零碎化、百感交集、觥筹交错、应接不暇、美中不足、感觉还行、可以接受
消极情绪	尴尬、焦躁、喧哗、杂乱、慌乱、弊端、人挤人、很混乱、看不全、很仓促、逃难式、喧嚣嘈杂、苍白无力、故事性较弱

首先，就"空间感知"而言，游客在观演情境中感受到的空间地方性，是由身体所处的空间、感官接触的空间和自身以及轮船移动的空间三者共同呈现出来的，因而本文将"空间感知"进一步编码为"地方空间""地方场景"和"移动空间"三个亚类属。

具体而言，"地方空间"是地方性的重要物质载体，不仅形塑着地方场所和建筑，而且强化了异质性空间的符号边界。"知音号"体验剧由轮船和码头两大空间体系组成，也可以看作是船外空间与船内结构。知音号码头采用民国风格的建筑外观，使得游客极易识别出演艺区域的边界。从码头检票口进入以后，游客能立马感知到存在于地方空间中的场景元素，即"地方场景"，比如码头上的旧报亭、剧场老票房，栈桥上的霓虹灯牌、老石磨、小吃摊，逛船上的黄包车、老爷车、木箱等。整个码头被各式探灯映照得灯火辉煌，地方空间和场景共同营造出的"空间氛围"给游客一种民国十里洋场的感觉。游客将这种空间感知形容为"一派纸醉金迷的繁华气象"(M001),"路过一段旧街区样式的码头就已经开始有那味了"(M028)。

当游客们登上轮船进入各层船舱后,作为内部结构的"地方场景"的特性就更加凸显。"知音号"的四层船舱内按照功能区划(如舞厅、酒吧)布置有显著民国风格的陈设、物件,组合成整体后产生的场景意义,突出了"知音号"内部环境的逼真性、生动性,是游客凝视下的重要地方性景观。游客对这些"地方场景"有着极其细致的描述:"暗哑的回廊""纸醉金迷的舞厅""精美的装饰""昏黄的角落"等。面对这些景观化的场景所产生的代入感极强的空间氛围,游客们表示"被华丽的大厅所震撼"(Q002),"那艘船太能代表汉味儿了"(Q015)。这些表达无不体现出集体的、个人的、美学性的、生活化的地方感。

在"移动空间"的感知方面,"知音号"体验剧的地方性、漂移性、互动性的特点使游客体验到与普通剧场演艺相似又相异的观看、参与和不断动态变化的情境。"移动空间"可分为"内场游移"和"外景漂移"两个部分。由于体验剧采用的是无固定观众席和表演区的新观演形式,所以带给游客的整体感受是"身临其境","行走着看话剧"(Q003)。游客跟随剧情的发展在四层船舱空间中移动,不仅可以与演员零距离接触,还可以自由决定观演的内容,因为"演出都是在你身边发生","你随时可以走进故事,随时也可以离开走进下一个故事"(Q003)。在"内场游移"空间中,打破了戏剧与现实边界,游客能够"自由地穿梭在各个角落,欣赏这出戏的每一个细节"(M021);甚至在舞厅场景里,"你可以接受演员的邀请,走进舞池"(M021)。随着剧情的发展,游客登上顶层甲板,从"内场游移"自然过渡到"外景漂移",轮船已载着游客航行在长江中央,这种真实的空间移动,带给游客全方位的地方性感知,"大家可以前往甲板尽情地享受江景和江风"(M033),也可以"到甲板上跳起踢踏舞"(M001)。游客自身的流动引起了体验空间的流动,目光和身体在轮船内外空间之间切换,触发了不同类型的在场体验。因此,独特的移动空间塑造了游客的行动场域,个体借助具有地方性的外景将戏剧场景和旅游文化场景有机结合在一起,跨越了观演界限,加强了游客对地方性空间的景观化凝视效应。

游客在感知地方性空间的同时,还存续有强烈的地方性时间感知。这不仅来自对环境场景和表演活动的即时凝视，还源于对"历史地方"的联想和"地方历史"的回忆。据此，"时间感知"可以被分为"即时感知"和"记忆感知"两个层面。当游客进入码头和轮船后，最先有的是"复古""怀旧""恍如隔世""如梦如幻"这一整体性的时间感知。这种感知亦在构建历史场景元素，强烈地体现在"年代感摆件""年代感的音乐和舞蹈""悠扬的老歌""汽笛鸣响"等细节之处。游客从现实生活走进剧场，很快感受到了"复古与现代的交融"（Q001），于他们而言，"船舱内的一切都是真实的"（M026），"房间里的物品，满满都是时光的味道"（M021）。这种时光倒流一般的穿越感和参与感，让游客沉浸到剧情中，"沉浸到演员的故事里"（Q001）。"时感自己是观看他人旧时光故事里的路人，抑或自己就是这个舞台这个时代里熠熠生辉的主角"，一时"竟不知今夕是何夕"（Y008）。游客用审美的眼光看待地方性时间，并将其看作是地方历史的投影。

时间感知场景不但具有即时代入的沉浸式传播特征，还能通过具有时间性的实物、声音、演艺行动激活游客对一百年前民国初期的回忆和想象。游客进入具有民国风情的码头、轮船组成的空间体系之中，锚固于历史时刻的民国文化通过复原的手段在游客视野里重现，这种特殊的存续方式为地方性时间注入了新的生命力。在游客看来，"知音号"保存并复现了他们关于民国时代的记忆，观看演出即进行了一场"民国穿越之旅"（M003），"仿佛回到了一百年前"（M002），"此刻沉浸于其中，脑海中似乎回荡着那时的爱恨情愁"（M012）。"知音号"承载着民国记忆的场景触及游客的内心世界，引起共鸣，让他们"想起了以前看到的电视剧"（M033），剧情的发展"如电影般在眼前一幕幕呈现"（Q002）。有人认为"有点类似《太平轮》"（M040）；有人"有种穿越回百乐门的感觉"；更有人"感觉自己已经是个发福的民国女记者了"（M044）。"知音号"帮助游客拼接出一个关于民国生活的全景想象，在展现"华美与哀愁并存的民国缩影"的过程中，使游客成为"这个民国故事里的一部分"（M044）。由此可见，当"知音号"被认定为民国时代的产物，就意味着码头、轮船所链接的百年前的集体记忆成为游客最关注的焦点，"知音号"所建构的历史时间与游客感知的记忆时间达成前所未有的契合。

其实，记忆意味着过去，亦同时包含着时间和空间两个维度。所以在"知音号"体验剧中也展现了大时代中的地方空间。"知音号"上静态仿真的民国场景、动态复原的民国故事,自然而然地把身处其中的游客拉入一个关乎国家、城市兴衰变化的整体时空中。所以,游客会把"知音号"看作是"立体的年代书""行走的历史"(Q005),他们从"踏入码头"开始,就进入了"切换时空""恍惚置身百年前的那个武汉"(M004)。"知音号"调动起游客集体"关于20世纪30年代的老武汉的想象"(M021)。自由移动、自主参与的观演形式使游客感觉"船舱里的人们在武汉的旧时光里穿梭"(Q009),极具民国风韵的舞厅表演,也使游客"迅速融入场景中",并感觉置身于"二三十年代大武汉的舞池中"(Q001)。登上顶层甲板后又是一次时空切换,使游客体验到"恰是一趟穿越城市、时光的旅程"(M025)。身处民国风格的轮船,眺望长江两岸的霓虹夜景,呈现在游客眼前的是"一古老一现代,两种气息在时空中交汇融合"(Q009)。其实"民国""古老"本身存在着一种历史距离感,但"知音号"运用古今来回穿越的方式作为戏剧的首尾呼应,有助于消除景观与游客之间的时空距离,以此产生的一种游客感知的张力进一步促成了时间与空间两个维度的互嵌。

综合来看,本研究对编码结果做出总结:"知音号"游客的地方感知主要由"空间感知"与"时间感知"两个主类属,以及二者嵌合的"时空感知"(穿越感知)类属三者构成。在沉浸式传播中,"知音号"主体呈现为具有时空双重特性的景观化场景,这是其最具吸引力,也是地方性最为鲜明的部分。游客对轮船内外建构的空间产生相应的地方性感知的同时,也产生了关联地方性历史记忆的时间感知,这两种感知体现在游客对主体以静态呈现和动态演绎两种建构方式的反馈上,而这两种方式又相互叠合,形成动静结合、主客互动的"时空穿越"特性,进一步强化了游客的地方感知和异域意义。

四、"知音号"游客地方感知的情绪倾向

从人本主义的角度考察,"地方感"源于一种特殊而普遍的情感联系,而依心理学理论而言,情感又与人的情绪倾向紧密相关,并且伴随着情绪反应逐渐积累和发展[43]。人们对某些人、事物或者地方的情绪,随着时间的推移形

成比较稳定的倾向,就会产生某种情感联系,进而形成对地方感知的普遍影响。因此,本文对游客在感知到地方性空间和时间后所产生的情绪性反馈进行开放式和选择式编码,以下是具体分析过程。

如表1所示,表示积极情绪的主要词语有34个,如"热闹""繁华""好看"等;表示中性情绪的主要词语有18个,如"一般""大概""随便"等;表示积极情绪的主要词语有14个,如"尴尬""焦躁""喧哗"等。为进一步分析游客在形成"知音号"地方感知过程中所表现出来的情感倾向的总体特征,本文利用ROST CM 6词频、情感分析功能对网络游记文本语句进行统计分析,结果如表2所示。游客对"知音号"体验剧的积极情绪感知词频为532,占情绪感知词表的47.5%,所占比重最大;中性情绪感知词频为435,占38.8%,所占比重较高;消极情绪感知词频为153,占13.7%,所占比重最低。可见,游客对"知音号"体验剧的情感态度以积极情绪为主,但是中性与消极情绪的感知比重也不容忽视。

表2 游客感知的情感倾向统计

情感类型	频次	比例
积极情绪	532	47.5%
中性情绪	435	38.8%
消极情绪	153	13.7%

具体从游记文本资料来看,"知音号"体验剧总体的复古与创新,历史空间、场景建构的还原程度,演员表演的专业性和节奏感,以及戏剧转场速度等都是影响游客形成不同情绪的重要因素。比如,对于最受关注的舞厅一幕,游客感到"在聚光灯的照耀下,穿着民国服饰、精心打扮的男男女女随着音乐释放激情"的"那种感染力","不在现场真的很难体会"(M003);在二层演员船舱中,游客在"近距离观看表演时深被震撼到"(M027),演员们"直击心灵的表演"(Q007)让他们自然而然地沉浸到人物故事里。最能引起游客产生"无与伦比"的积极情绪的是自身参与感的获得:有游客在等候登船时就表示"我们在船下看着船上的人,而船上的人正看着我们,一种奇妙的感觉油然而

生"（M010）；还有人在舞厅观演时感发觉"在楼上也蛮有参与感，这种参与感是一种局外人正在看着一场热闹好戏的感觉"（M011）。这种极具代入感的场景氛围和自由观看、参与的表演形式从开场到剧终都伴随着游客，不断产生积极的情感联想，甚至"下了船离开知音号码头，回头看着依旧灯火通明的知音号"，依然"感觉自己做了一场极不真实的美梦"（M003）。

不过，根据编码结果可知，人多嘈杂、工作人员引导力不够、转场速度过快，故事性较弱则是造成游客产生消极情绪感知的重要原因。比如，在码头换装区，没有工作人员及时引导，想租赁服装的游客一拥而上，就有人表示"看着旗袍面前挤满的人，顿时失了兴趣"（M026）；登船进入客舱时，提供给游客自由活动的时间略短，有游客"感觉时间很快，节奏有点赶"（M011）；而到了"一楼舞厅，会随着舞蹈重点介绍几个人物，但是太快了，记不清楚"（M017）。戏剧转场时给游客预留反应时间不足，导致许多游客沉浸在上一幕意犹未尽，刚拍完照就被工作人员"'请'出船舱，又开始奔赴下一个场景"（M041）。转换到二楼演员船舱，由于没有主线故事引领，游客顿感不适，"刚上二楼的时候有些慌乱，不知道该去哪里"（M033）；舱房里上演的一个个相对独立的人物故事，在游客看来"都是片段记忆"，"抓不住主线"（M031），而且"走廊里还有节目"，"觉得很混乱，看不全，进房间里听故事就会错过了走廊里的故事"（M007），这使得游客难以把握观演节奏，主次不清，因而产生消极的情绪感知。

综合考虑，游客地方感知的情绪倾向从整体来看是处于积极状态，这无疑有助于增强游客景观化凝视的正向反馈。本文对该编码结果的分析提供了对"知音号"在情感建构效度的考察和见解，通过探索情绪是如何被激发的，以及相关情感是如何反映在传播环境中并形成对地方感的实际心理体验，为研究沉浸式传播在情感倾向方面对游客地方感知的影响提供了框架。

五、结语：迈向沉浸传播的具身化

"知音号"的故事尽管是虚构的，但游客的体验过程却是真实的，它连接了个体之间不同的生命体验和独特记忆。在强调互动参与的新型观演体验中，观众与演出空间"观看"的关系被重新定义,演员与叙事的"表演"关系也被改写,同时被改写的还有观众与演出的关系。当演员隐藏在游客之中,这种零距离接触演员、参与演绎的体验模式引发了游客更深层次的思考:隐喻友情的"知音"也不再只是一个符号性的故事,而是现代社会人际关系的回归。舞台与观众席的界限被打破,旁观的游客自身被角色化,故事与观众的生命经验发生联系,那么他们在"知音号"船上的所有体验,就是影像、戏剧、观众共同的行动,其本质就如同真实发生在自己生命中的一段旅行。这段旅行关乎城市,它发生于城市身畔的江水之上,在人与空间关系的旅行实践中,慢慢建构出专属于武汉的地方感知。

总体而言,建立在真实环境之中的"知音号"运用大量实物道具和真人出演的方式,呈现了一种"实景式沉浸传播":它将虚拟现实技术的复现原理和沉浸式体验剧的叙事逻辑巧妙结合起来,超越了单纯依靠视觉和听觉模拟再现真实世界的图形界面,带来沉浸式传播的高峰体验。"知音号"以其船体为媒介,使城市"地方感"打破传者和受者的界限,在多感官融合的三维空间里延展和流动,唤起受众的记忆与情感,为游客带来新的地方感知和体验。在沉浸传播的过程中,"知音号"连接了城市实体空间和人的身体,这种具身在场式的"人—地互动"形式加深了游客对于城市的地方认同与依恋,并促进数字时代媒介"地方感"的形成。

借助对游客地方感知的分析,本文从"知音号"这种沉浸式传播的新样态中,探索以身体作为媒介进入实景环境后给沉浸式传播的发展方向带来的启示性意义。在过去的认知里,沉浸式传播是通过虚拟现实技术制造的一种能够跨越时间和空间限制的传播过程,在此过程中它会营造出一个能够作用于人类身体的虚拟自然环境[16]。有学者将这种沉浸视为由身体和空间两两相互作用形成的内部逻辑闭环,并分为四个象限,即"空间中的沉浸、身体中的沉浸、沉浸中的空间和沉浸中的身体"[26],他们指出"沉浸"的核心要义在于探索以身体为媒介的空间与传播的关系。但实际上,沉浸、身体和空间三者更应是一种相互叠合的紧密依存关系,真正的"沉浸化"是同时基于空间和身体产生具身化存在的多维感知体验。它绝不仅仅是基于虚拟现实技术所带来的、一味追求感官刺激的逼真感,也不是将"遥在"推升为"泛在"后消除了所谓的媒介主体和中心,而是回归到人的"物质身体"[44]——这一感知世界的前提——的层面,实现人的"身心俱在"的体感,以此来获得全方位"感官共振"的效果[45],为此就需要身体物理意义的"在场"。

这种具身性的实景沉浸式传播,包含了过往出现的所有传播形态,并将技术媒介与身体更紧密地融为一体。同时,更为关键的是它以人的具身存在的方式,破除了过去虚拟自然环境中"在场"与"缺席"性质含混的矛盾状态,并且尽可能地减弱以往沉浸传播引发"内爆"所导致的深层文化的遮蔽与缺失[25],让人们从过度娱乐化、游戏化、稍纵即逝的生活方式里跳脱出来。"知音号"采取的"实景式沉浸传播",突破了网络时代"沉浸人"的交流困境[46],释放了囿于技术媒介营造的一方小天地中的受众。通过"回归"传统人际传播的叙事手法,"知音号"消解了虚拟与真实世界的交流屏障,激发了其具身性的情感共振,为其肉身、精神"双向在场"提供了真实存在的交互空间。

本文力图通过对"知音号"创造的"实景式沉浸传播"新样态,针对在人与媒介的交互模式发展到以虚拟现实技术为主导的多维沉浸时代,所产生的现代性危机如技术焦虑、"泛在"隐患、无意识娱乐以及人际交流隔阂等问题,找寻一种解决或者转向的可能性。过去的沉浸式传播在消除人与虚拟空间的边界感时,似乎也消除了人性特征的自然面向。但很显然,人与自然都是复杂而多元的。为了避免媒介将世界简单化、便捷化、扁平化的倾向,以及沉溺于虚拟技术建构"泛在"传播环境而生成的感官幻象,我们所倡导的这种"实景式沉浸传播",能够将人的具身性拉回到最初的人际传播场域,从而抵抗过往沉浸传播所引发的社会过度虚拟化的危机。

参考文献

[1] 李沁.沉浸新闻模式:无界时空的全民狂欢[J].现代传播(中国传媒大学学报),2017,39(7):141-14.
[2] 李沁.沉浸媒介:重新定义媒介概念的内涵和外延[J].国际新闻界,2017(8):115-139.
[3] 王楠,廖祥忠.建构全新审美空间:VR电影的沉浸阈分析[J].当代电影,2017(12):117-123.
[4] 刘霞,陈昌凤.沉浸、在场与交互——混合现实技术下原创综艺节目创新研究[J].中国广

播电视学刊，2020（1）：69-72.
[5] 黄石，卢仕甲.论沉浸式动画的临场维度与美学意蕴[J].现代传播（中国传媒大学学报），2021，43（2）：106-111.
[6] CSIKSZENTMIHALYI M. Beyond boredom and anxiety[M]. San Francisco, CA: Jossey-Bass, 1975.
[7] CARR A. Positive psychology: The science of happiness and human strengths[M]. Hove and New York: Brunnes-Routledge of Taylor & Francis Group, 2004.
[8] COBLE T G, SELIN S W, ERICKSON B B. Hiking alone: Understanding fear, negotiation strategies and leisure experience[J]. Journal of Leisure Research, 2003, 35(1): 1-22.
[9] HAVITZ M E, MANNELL R C. Enduring involvement, situational involvement, and flow in leisure and non-leisure activities[J]. Journal of Leisure Research, 2005, 37(2): 152-177.
[10] AYKOL B, AKSATAN M, IPEK I. Flow within theatrical consumption: The relevance of authenticity[J]. Journal of Consumer Behaviour, 2017, 16(3): 254-264.
[11] FREER P K. Boys' Descriptions of their experiences in choral music[J]. Research Studies in Music Education, 2009, 31(2): 142-160.
[12] BUIL I, CATALÁN S, MARTÍNEZ E. Exploring students' flow experiences in business simulation games[J]. Journal of Computer Assisted Learning, 2018, 34(2): 183-192.
[13] VOISKOUNSKY A, MITINA O, AVETISOVA A A. Playing online games: Flow experience[J]. PsychNology J, 2004(2): 259-281.
[14] Barnes, J., & Pressey, D. Cyber-mavens and online flow experiences: Evidence from virtual worlds[J]. Technological Forecasting and Social Change, 2016(111): 285-296.
[15] CHEON E. Energizing business transactions in virtual worlds: An empirical study of consumers' purchasing behaviors[J]. Information Technology and Management, 2013, 14(4): 315-330.
[16] 杭云，苏宝华.虚拟现实与沉浸式传播的形成[J].现代传播（中国传媒大学学报），2007（6）：21-24.
[17] 李沁.沉浸传播：第三媒介时代的传播范式[M].北京：清华大学出版社，2013.
[18] 孔少华.从Immersion到Flow experience："沉浸式传播"的再认识[J].首都师范大学学报（社会科学版），2019（4）：74-83.
[19] 杭敏.融合新闻中的沉浸式体验——案例与分析[J].新闻记者，2017（3）：76-83.
[20] 周淑红.后现代电影中的技术之思与空间转向——《黑客帝国》与《楚门的世界》之个案比较[J].艺苑，2014（05）：60-63.
[21] 方楠.VR视频"沉浸式传播"的视觉体验与文化隐喻[J].传媒，2016（10）：75-77.
[22] 潘亚楠.新闻游戏：概念、动因与特征[J]新闻记者，2016（09）：22-28.
[23] 岳小玲.新闻游戏的存在价值与问题反思——以 Bury Me, My Love 为例[J].传媒，2020（19）：62-64.
[24] 陈力丹，丁文凤，胡天圆.沉浸传播：处处是中心　无处是边缘：对世界互联网大会的总结与思考[J].新闻爱好者，2015（1）：5-8.
[25] 安虹璇，王朋进."泛在"的隐患：沉浸传播时代的幻象与反思[J].青年记者，2016（32）：4-5.
[26] 张铮，刘钰潭."沉浸"的核心要义与文化逻辑[J].南京社会科学，2022（2）：165-172.
[27] 花建，陈清荷.沉浸式体验：文化与科技融合的新业态[J].上海财经大学学报（哲学社会科学版），2019，21（5）：18-32.
[28] 段义孚，志丞，左一鸥.人文主义地理学之我见[J].地理科学进展，2006，25（2）：1-7.
[29] TUAN Y F. Topophilia: A study of environmental perception, attitudes, and values[M]. New York: Columbia University Press, 1990.

[30] RELPH E. Place and placelessness: Research in planning & design [M]. London: Pion, 1976.
[31] STEELE F. The sense of place, Boston [M]. MA: CBI Publishing Company, 1981.
[32] GUSTAFSON P. Meanings of place: Everyday experience and theoretical conceptualizations [J]. Journal of Environmental Psychology, 2001, 21(1): 5-16.
[33] JORGENSEN B S, STEDMAN R C. A Comparative analysis of predictors of sense of place dimensions: Attachment to, dependence on, and identification with lakeshore properties [J]. Journal of Environmental Management, 2006, 79(3): 316-327.
[34] 邵培仁.地方的体温：媒介地理要素的社会建构与文化记忆[J].徐州师范大学学报（哲学社会科学版），2010（5）：143-148.
[35] 吕冬青.论赛博空间中的地方感与地方：人文主义地理学的角度[J].中国文化产业评论，2016（1）：127-141.
[36] 徐翔.回到地方：网络文化时代的地方感[J].文艺理论研究，2011，31（4）：128-132.
[37] 张中华，焦林申.城市历史文化街区的地方感营造策略研究——以西安回民街为例[J].城市发展研究，2017（24）：10-14.
[38] 吴玮，周孟杰."抖音"里的家乡：网红城市青年地方感研究[J].中国青年研究，2019（12）：70-79.
[39] 张明新，杨梅，周煜.城市新移民的传播形态与社区归属感：以武汉市为例的经验研究[J].新闻与传播评论辑刊，2009（1）：82-94，259，267.
[40] 姚曦，任文姣.从意识沉浸到知觉沉浸：智能时代广告的具身性转向[J].现代传播（中国传媒大学学报），2020（1）：128-132.
[41] 梁宁建.心理学导论[M].2版.上海：上海教育出版社，2011.
[42] 刘道宏，纪敏.游客感知视角的主题场景营造要点[A].林焕杰.主题公园创新前沿——2020中国主题公园研究院理论与实践文集[C].北京：经济科学出版社，2020.
[43] 林崇德.心理学大辞典（上）[M].上海：上海教育出版社，2003.
[44] 杨庆峰.物质身体、文化身体与技术身体：唐·伊德的"三个身体"理论之简析[J].上海大学学报（社会科学版），2007，24（1）：12-17.
[45] 喻发胜，张玥.沉浸式传播：感官共振、形象还原与在场参与[J].南昌大学学报（人文社会科学版），2020，51（2）：96-103.
[46] 刘清华，罗彬.网络环境下"沉浸人"的交流现状与出路[J].新闻世界，2017（4）：90-93.

A Study on Tourists' Sense of Place from the Perspective of Immersive Communication — A Ground Research Based on the Zhiyin Cruise Ship in Wuhan

Abstract: The rapid advances of virtual reality technology are driving the unprecedented development of immersive communication from theory to practice. This study takes the tourists of the immersive experience drama of the Zhiyin cruise ship in Wuhan as the research object, and analyzes the collected network text with the grounded theory, to explain the sense of place constructed by Zhiyin, and to find out the main factors affecting tourists' perception. In addition, by comparing with the previous immersive communication mode, this study reveals the beneficial exploration of the new mode of "live immersive communication" created by Zhiyin in responding to the modernity crisis. The study also expands the new horizons of research into the long-term trend of "valuing virtuality over reality" immersive communication.

Key Words: Immersive communication; Sense of place; Embodiment; Zhiyin cruise ship

建筑作品传播方式及策略研究*

戴 春[1] 谭雅秋[2]

摘要：建筑作品的传播方式随着互联网时代的到来产生了跃迁式的突变，这种突变在其传播介质、传播场景以及传播内容三方面显得尤为突出。当下建筑作品传播不再局限于单一类型媒体。以MAD事务所设计的北京市百子湾公租房为例，通过还原其在建筑案例型媒体、建筑知识型媒体以及建筑内容型媒体三类常见建筑媒体的传播过程，可以看出广泛的建筑传播离不开媒体生态的构建。而构建媒体生态的基础则在于顺应媒体内在传播逻辑及特性搭建语境恰当的内容框架；利用各类平台的传播特质及使用场景搭建恰当的时空框架；了解媒体品牌的运营逻辑及矩阵结构搭建恰当的受众框架。只有这样才能真正实现建筑多义性、持续性、针对性的传播。

关键词：建筑作品；建筑媒体；传播逻辑；媒体生态

---

* 国家自然科学基金项目"媒介场域下中国当代建筑与媒体互动影响机制研究"（52278037）。
1 戴春：《时代建筑》杂志运营总监、责任编辑，LeTalwork勒拓论坛创办人、学术主持，城市微空间复兴计划发起人，中国建筑学会建筑文化学术委员会委员。
2 谭雅秋：中国联合工程有限公司建筑师，LeTalwork勒拓论坛研究员。

进入21世纪以来，互联网以前所未有的速度改变着人类思考、认知和交流的方法乃至生存的方式。同样，建筑的传播环境自2000年以后便产生了跃迁式突变，各式传媒对建筑生产全面而强势的介入，极大地改变了中国当代建筑的整体生态。媒体时代建筑的生产与消费关系由项目委托方对设计作品的一次性消费转变为包含建筑同行和社会大众对于建筑作品，特别是对于建筑图像的反复与长期消费[1]。中国当代建筑界中传播成为了重要的设计考量，让媒体与建筑师之间形成了难以分割的共生型整体生态结构。

一、不断更迭的建筑传播方式

1. 建筑传播介质的转变——多种形式结合

随着信息社会的发展，5G、大数据、云计算、物联网、人工智能等技术不断涌现，新技术、新应用对媒体变革的影响广泛而深刻，已由点到面、由局部到整体全面推开，重塑传媒生态格局。在科技的发展之下，新媒体呈现信息发布即时、传播形式多样化等特点，建筑媒体当然也不例外。建筑的传播不再以单一的信息形式呈现，文字、图片、声音、视频等多媒体信息极大地丰富了建筑的表现力和感染力，其报道更为生动形象、直观具体。此外，建筑的传播还实现了点对点、点对面、面对面的同时传播。

2. 建筑传播场景的转变——建筑、建筑+、+建筑

如今的建筑传播场景不再只是以"建筑"本身作为主体，更多是以建筑与建筑延伸"建筑+"，抑或者由外部切入建筑的形式进行传播的"+建筑"，由此，受众了解建筑的场景由此变得更为丰富、多元[2]。

3. 建筑传播内容发生转变——多元学科发展

以往建筑学学术素养与专业技能的高门槛本身使得公众难以参与其中，如今随着技术发展带来传播渠道的扩张，建筑传播模式也发生了深层次变化，逐渐呈现出万众皆媒、万物皆媒的"泛媒"化景观，这也给建筑本身提出了更高的要求。媒介转型与社会形态的变革，使得单一专业视野无法支撑对如此庞杂繁复的社会现象的解释，建筑学也不得不冲破专业壁垒，实现跨领域交融。

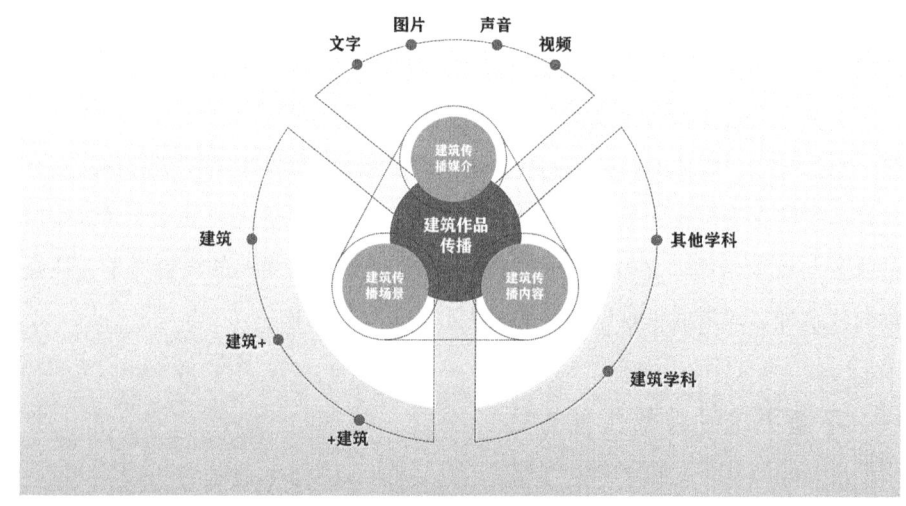

图1　不断更迭的建筑传播方式

二、当下建筑作品多元化的传播路径

1. 常见的建筑媒体分类

我国建筑媒体自20世纪80年代前后以《建筑学报》《时代建筑》等为主的期刊，到2010年前后以"谷德""*Archdaily*"等为主的建筑网站兴起，再到如今以多平台多形式出现的各类新兴建筑媒体品牌，共经历了数十年的发展与转变。现如今按照建筑媒体的传播路径可大致分为三类，分别是建筑案例型媒体、建筑知识型媒体、建筑内容型媒体。

（1）建筑案例型媒体

以谷德、*Archdaily*、有方为代表的建筑媒体呈现方式以视频、图片及文字为主，传播平台以网站、微信公众号、视频号为主，其主要的传播内容相对固定，围绕建筑的基本信息及设计特点展开，读者可以菜单式的浏览模式对特定建筑类型或特定项目有较为简明、快速、全面的框架式了解，建筑以案例的形式呈现，故在此将这类媒体统称为建筑案例型媒体。当然也正因如此，该类媒体的受众往往集中在专业或相关行业人群。

（2）建筑知识型媒体

以《建筑学报》《时代建筑》为主的传统学术媒体在此统称为建筑知识型

媒体。这类媒体正处在传统媒体向新媒体的转型过程中，其内在的传播逻辑并未发生巨大转变，依然是以论文收录至纸本或数字期刊后，再由数据库及微信公众号等其他平台进行二次传播。传播内容往往是超脱于建筑本体之外的观念与知识，传播形式以文字为主。建筑知识型媒体的传播速度与阅读感受虽不如案例型媒体，但其本体的公信力、严谨性及内容深度依然为其积攒了大量优质的用户基础，在满足专业化受众的特殊需求上更具优势。

（3）建筑内容型媒体

除上述提到的两种建筑主流媒体之外，以"一条"、《卷宗Wallpaper*》为代表的媒体正在越来越多地进入公众视野。此类媒体并不能严格意义上称之为建筑媒体，但其常常以建筑为切入点对各类社会性话题进行讨论。相较于前两类媒体，这类媒体的传播形式及平台更加多样，建筑以内容容器而非本体的形式进行传播，而具有话题性、故事性的内容会链接到更广阔的受众而非局限于专业人群，也因此建筑得到更广泛、更持续的传播。

上述三类建筑媒体由于其传播路径的不同，建筑作品传播呈现出的侧重点及呈现方式、受众等都存在较大差异。但聚焦如今建筑作品传播的真实场景，不难发现建筑作品的传播并不能被简单归为单一的路径与方式，很多具有较大

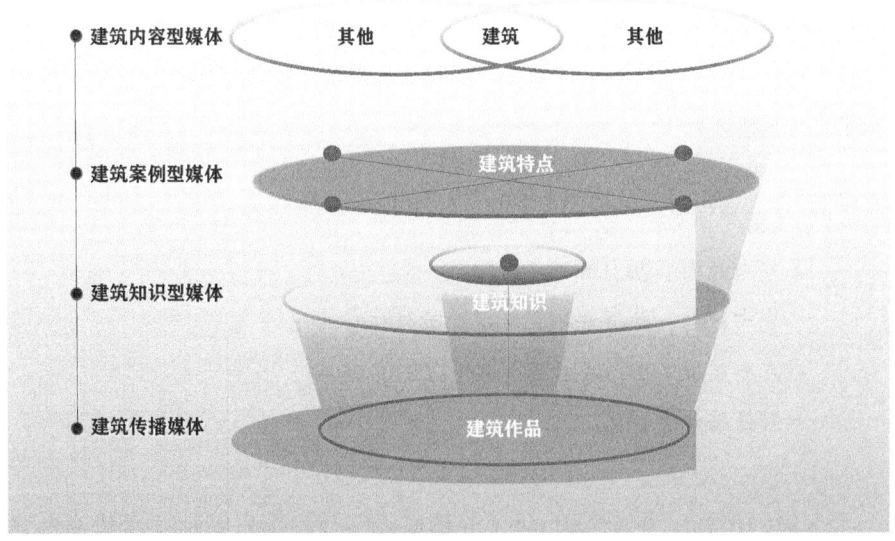

图2 建筑作品多元化的传播路径

影响力的建筑作品也不仅以本体、观念、故事的方式出现,它甚至还演变为了一种生活方式、消费导向[3]。因此对建筑作品传播过程进行还原是十分必要的,一方面可以生动地展现建筑传播及演化的过程,另一方面能清晰地展示出各类建筑媒体在建筑作品传播过程中的内在逻辑。

2. 建筑作品传播案例——MAD事务所设计的北京百子湾公租房

如今的建筑作品在传播方式及策略上均呈现出内容多维度、时间周期长等特点,但能够涵盖三种媒体、从多层次、多渠道、长周期被探讨、传播的建筑作品并不多。MAD事务所设计的北京市百子湾公租房恰好满足以上条件,其为我们提供了一个非常好的建筑作品传播样本进行研究。

北京百子湾公租房于2019年建成;2021年8月31日住房和城乡建设部在国新办举办的主题新闻发布会发表了让全体人民"住有所居"的观点;2021年9月百子湾公租房逐渐进入大众视野。对其进行报道的媒体很多,本文选取了几个具有代表性的媒体报道,从传播媒体类型、传播时间、传播内容及传播渠道等角度进行梳理,探索出建筑作品传播的方式与策略。

(1)建筑内容型媒体传播

《新周刊》一直保持对住房问题的高度关注。2000年《新周刊》曾制作专题"住得像个人样",直到2021年9月《新周刊》以"住得好一点,从保障性住房开始"为标题,与建筑师马岩松联手推出专题"住得好一点",以百子湾公租房为切入点,展开了对于全国不同城市密集型住宅的讨论。百子湾公租房逐渐进入大众视野。[4]

  《新周刊》

  发布时间:2021年9月16日

  发布标题:住得好一点,从保障性住房开始

  发布渠道:微信公众号+杂志20220915期

  累计阅读量:3.3万

2021年10月,《卷宗Wallpaper*》推出了"马岩松:设计社会住宅也要继续'另类'"[5]、"圆桌|马岩松与唐克扬:没有标准答案的对话"[6]两场

主题讨论，第一场同样是以百子湾公租房为切入点，探讨在千篇一律的住宅规划中，社会住宅如何另辟蹊径，如何保持"另类"。第二场则是以对话的形式，以建筑师的视角探讨了建筑师的责任感以及大众对于社会住宅的需求。

《卷宗Wallpaper*》

发布时间：2021年10月11日

发布标题：马岩松：设计社会住宅也要继续"另类"

发布渠道：微信公众号

累计阅读量：4.5万

发布时间：2021年10月11日

发布标题：圆桌 | 马岩松与唐克扬：没有标准答案的对话

发布渠道：微信公众号

累计阅读量：1.8万

（2）建筑案例型媒体传播

到2021年10月下旬，MAD官方微信公众号以"新住宅——MAD公布首个建成公租房项目"为题，首次从建筑学的专业角度介绍了建筑项目的基础信息及设计要点，包括"开放街区""立体社区""漂浮花园""阳光权""户型设计""产业化&环保节能"六项。[7]此次的介绍展示了大量的现场照片、视频、插画及图纸，介绍内容以简介、要点化的形式呈现，与《新周刊》《卷宗Wallpaper*》》报道相比，更加具有专业性。

MAD官方微信公众号：

发布时间：2021年10月22日

发布标题：新住宅——MAD公布首个建成公租房项目

发布渠道：微信公众号

累计阅读量：4.9万

紧接着 *Archdaily*[8]、有方与谷德[9]也于10月下旬发布了百子湾建筑项目的介绍，介绍内容与呈现方式与MAD官微相似，新增了中国住宅发展的简短介绍内容，但内容依旧是简单、要点化地呈现。

Archdaily：

发布时间：2021年10月23日

发布标题：MAD新作：北京百子湾公租房

发布渠道：微信公众号+PC端

累计阅读量（微信号）：3.5万

有方：

发布时间：2021年10月23日

发布标题：MAD新作：百子湾公租房，何为"新"住宅

发布渠道：微信公众号+PC端

累计阅读量（微信号）：2.4万

谷德：

发布时间：2021年10月25日

发布标题：MAD打造"中国最美公租房"：让立体社区融入城市

发布渠道：微信公众号+PC端

累计阅读量（微信号）：2.3万

（3）建筑知识型媒体传播

2022年3月，《时代建筑》2022年第1期邀请**唐克扬**以**《先锋建筑师的社会住房憧憬：MAD北京百子湾公租房项目评述》**为题，对百子湾公租房进行详细的评述，探讨不同的建筑设计策略为社会住房带来差别巨大的现实后果以及百子湾是如何在"外"和"内"的双重规划束缚下，实现居住形态及模式的创新的。建筑作品的传播由要点化的介绍开始转向学术深度的探讨[10]。

《时代建筑》：

发布时间：2022年3月7日

发布标题：先锋建筑师的社会住房憧憬：MAD北京百子湾公租房项目评述｜唐克扬

发布渠道：微信公众号＋杂志2022年第1期

到了2022年6月，《建筑学报》用第6期整期，以"关注社会住宅的理想与现实"为主题，以百子湾公租房为出发点，围绕包括公租房在内的非商品性社会住宅进行探讨，包括住房保障机制与供应模式发展脉络，及对当前我国社会住宅设计实践、设计规范、制度建设中现实问题的深度分析等。这其中包括了学术性论文[11]及学术研讨[12]两种形式，也包含了学者、其他建筑师、MAD建筑师多个角度对百子湾公租房的评述。建筑作品传播在这个阶段不再只围绕设计本身，而是关注背后的设计模式、规范制度、社会矛盾等。

《建筑学报》：

发布时间：2022年6月26日

发布主题：关注社会住宅的理想与现实

（1）国外社会住宅的发展特征及其思想 [周静敏　王舒嫒　何广]

（2）租赁住房供应与发展 [田莉　夏菁]

（3）以梦为马——MAD与高目的社会住宅实践 [郑慧瑾　张佳晶]

（4）百子湾公租房与社会住宅的3个议题 [李翔宁　张子岳]

（5）百子湾公租房（燕保·百湾家园）｜MAD建筑事务所｜立体营造的山水家园——百子湾公租房设计实践 [刘会英]

（6）百子湾公租房（燕保·百湾家园）｜MAD建筑事务所｜立体营造的山水家园——百子湾公租房设计实践 [刘会英]

发布渠道：微信公众号＋杂志2022年第6期

（4）建筑奖项传播

2023年4月，百子湾公租房入围加拿大AZ卓越设计奖（AZ Awards）。AZ

卓越设计奖创立于2011年，每年都会吸引全球性的建筑作品。奖项的传播更侧重其创新性，主要体现在其对于中国社会住宅独特的理解与创新、突破性的设计模式以及对于人们公共生活的高度关注。[13]

（5）官方微信号（官方自媒体）

从百子湾公租房发布至今，MAD官方微信号承担了从一开始的建筑信息发布，到相关媒体内容转载，再到后期对奖项的持续报道，对百子湾公租房的整个传播线索进行了记录与反馈。

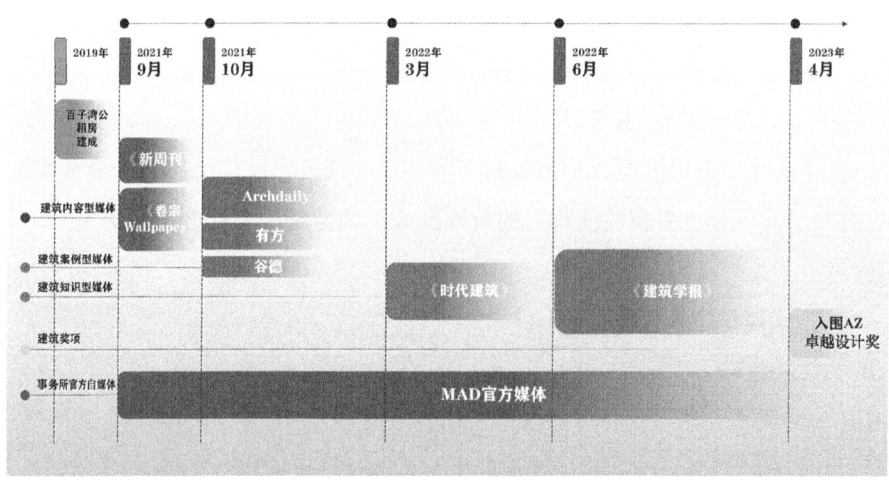

图3　北京百子湾公租房的传播过程

3.建筑作品传播的改变

百子湾公租房这一传播样本展示了如今建筑作品的传播无论是生产主体、传播渠道，还是传播策略及受众都发生了巨大的改变。

（1）生产主体从专业化向大众化扩展

建筑内容型媒体的加入使得建筑作品的传播不再局限于专业人群内部，例如《新周刊》当中对于居住等类似话题的讨论需要社会多个视角的共同关注，也因此如今建筑作品传播主体结构逐渐由专业化、职业化主导，过渡到职业化与非职业、大众化共存的局面，建筑的传播也不再仅限于专业本身，将建筑作品当作事件样本进行多维度的剖析。

(2)传播渠道从单一型向平台型演变

百子湾公租房通过建筑案例型媒体、建筑知识型媒体、建筑内容型媒体、建筑奖项等多元媒体类型进行传播,其传播渠道的改变主要体现在两方面:一是不同类型建筑媒体运用摆脱了建筑作品传播渠道的单一性;二是随着今日头条、小红书、抖音等平台型媒体的崛起,建筑媒体自身结构也在不断改变,这也间接促使建筑作品的传播渠道向平台型演变。

(3)受众接收从被动性向主动性转变

在互联网与社交媒体普及之前,受众获取信息的主要渠道均被传统媒体所垄断。社交媒体平台等新兴渠道的出现使得信息的获取变得更加容易和便捷。如今,各类建筑媒体的矩阵式渠道组合使得建筑信息变得唾手可得,受众的主观能动性被彻底释放,对于建筑的认识不再只能通过单一信息去片面了解,而是更为全面且客观[14]。

(4)传播策略从场景化向体系化显现

百子湾公租房不同时段、不同平台、不同内容侧重点的传播方式让我们看到了如今的传播策略不再是单一场景、单一时段下的传播,而是平台与平台、媒体与媒体之间相互链接与补充。它们利用各自优势与特性构建出一个完整、体系化的传播结构,最终实现建筑作品持续性、多维度的传播。

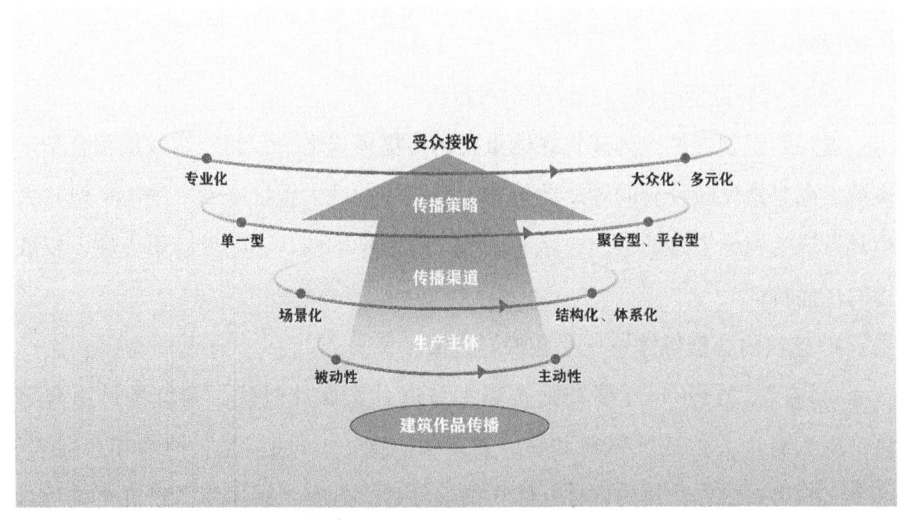

图4 建筑作品传播的改变

三、建筑作品传播的内在逻辑

当然，在多种媒体类型进行传播的建筑作品远不止百子湾公租房一个，刘家琨设计的西村大院也是一个非常好的例子。西村大院自2014年建成后同样受到关注，如谷德等案例型媒体、《时代建筑》等知识型媒体[15]，抑或是"一条"、《三联生活周刊》[16]等内容型媒体均对其进行过不同深度、角度的报道。此外除获得众多专业奖项之外，其最受关注的获奖便是首届"三联人文城市奖"。

由此可见，建筑作品的广泛传播主要基于以下两点原因。

1. 媒体生态的搭接

广泛的建筑传播离不开媒体生态的构建，而建立良好媒体生态的前提则是对于媒体生态组成元素特性的理解及协同治理场域的构建。

（1）媒体生态组成元素的特性

1）建筑案例型媒体——信息即时呈现

建筑案例型媒体要点化的信息呈现方式会让受众清晰、便捷接受到建筑信息；且这类媒体通常会运用PC端与移动端结合的媒介方式，按照使用时间、行为及需求的不同切入用户生活、工作等场景，因此建筑信息会被即时呈现。建筑作品在建筑案例型媒体上进行传播属当下建筑作品传播最为主流且基础的传播模式[17]。

2）建筑知识型媒体——智库学术输出

建筑知识型媒体作为建筑媒体重要的传播模式之一，其能有效地整合学术资源、深刻地反映社会问题。此外知识型媒体背后大量权威专家的汇集使其天生具有成为媒体智库的潜质，赋予了此类媒体学术性、专业性、思想性、权威性的传播特征[18]。

3）建筑内容型媒体——关系深层搭接

"抖音"2018年年度研究报告当中写道："融媒体时代，内容是一座金字塔，不只有过去传统媒体定义的'知识和信息'，其底层是'情绪和态度'。"这个比喻用来形容建筑内容性媒体再合适不过。内容型媒体传播建筑相关话题及故事的底色是传播情绪与态度，用情绪与态度缔结更大的社会群体关系网，反过来在社群建构的过程中建筑作品的传播也走向了大众[19]。

4)建筑奖项——事件亮点制造

奖项本身的事件性也让建筑作品的传播呈现出特点化、亮点化的特征,是对于建筑作品特点的二次发酵,形成更具标签化、代表性的传播模式,其传播速度与传播效力更甚于建筑案例型媒体。

5)官方微信公众号(官方自媒体)——建筑设计延伸

从MAD事务所设计的百子湾公租房的传播样本当中可以看到,除主流的建筑媒体之外,官方自媒体对建筑作品的传播也至关重要。其以脉络式的信息呈现方式描绘出一个全面、多维、持续的建筑作品形象,最终将建筑传播融入建筑设计,对建筑作品意涵进行持续性的补充,建筑不再只以实体的形式出现,而在传播网络中以虚体进行延伸。

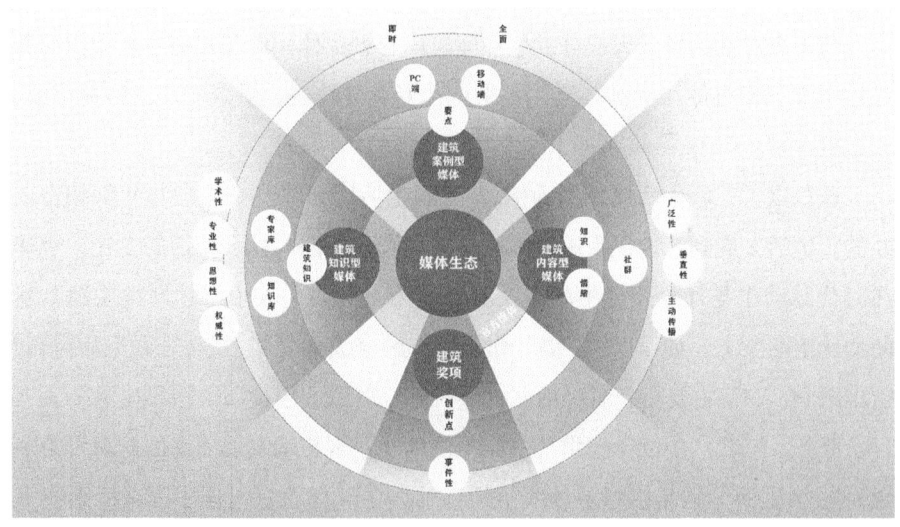

图5 媒介生态组成及特点

(2)构建媒体生态的协同治理场域

在对建筑媒体生态元素有了清晰的定位之后,我们需要构建一个媒体生态的协同治理场域以实现建筑作品的有效传播。然而良好的媒体生态需要将建筑作品自身及建筑媒体特性进行深度融合,众多因素之间构成的互动关系网络使得建筑媒体生态始终处于一个开放、包容、吸纳的状态,因此媒体生态的协同治理也不会是一个线性的过程，运用多点多线的传播策略及过程中不断试错、及时改进的周期性循环机制才会寻找到建筑作品最适合的传播路径，而这并不是光靠建筑师或建筑媒体单方就能完成的，而是需要二者的共同努力[20]。

2. 建筑与大众对话机制的建立

无论百子湾公租房还是西村大院，其广泛传播的背后存在一重要的客观原因——建筑与大众的对话机制的搭建：一方面建筑自身的公共性话题一直是大众媒体关注的热点；另一方面，建筑师也同样积极投身大众话题讨论。这里以马岩松为例，无论是参与《新周刊》的话题策划还是《十三邀》的节目采访，其始终以具体的形象、开放的姿态与大众保持对话，淡化了建筑师群体化、专业化的语境。

（1）大众媒体多层次传播场景的应用

与大众对话的场景大部分发生在建筑内容型媒体，此类媒体相较于前两种媒体（知识型媒体与案例型媒体）来说，专业性较弱、受众较广且传播形式、渠道更丰富。

这里以《三联生活周刊》为例。《三联生活周刊》前身是1925年邹韬奋创办的《生活》周刊，定位为一本"反映时代潮流流向与社会生活的变迁，表达在时代脉动中与社会变迁中的人文关怀，用平凡人的故事阐述严肃主题"新闻文化生活杂志。如今以"1+N"作为媒体融合战略："1"指《三联生活周刊》这本纸刊；"N"主要指三联生活网、手机刊、三联"中读"、"松果生活"等项目及服务。三联"中读"是由《三联生活周刊》客户端发展而来的知识付费平台；"松果生活"则是组织各种线下活动的线上载体，它勾连了读者线下线上的文化生活。

《三联生活周刊》基于"1+N"产品和服务矩阵，开发了相关微博、微信号，比如《三联生活周刊》微信公众号、三联"中读"微信公众号、京东旗舰店、天猫旗舰店等，通过这些平台实现私域流量的引导和开发；另一方面，入驻"今日头条""抖音""得到"等平台并与《财新》杂志、言几又书店、佳作书局、《南方周末》等建立联合，构建公域流量引流渠道等[21]。通过一系列的媒体矩阵构建群体社交关系网，结合线上与线下活动，实现读者对其倡导生活理念的认同与自愿多次传播。

西村大院无论是在《三联生活周刊》及其三联"中读"[22]等平台的讨论与传播，还是三联人文城市奖项的获得，均在"三联"生态当中获得广泛且多层次的传播。

（2）建筑自身公共性的凸显与挖掘

不可否认的是，尽管如今建筑作品传播越来越受到重视，但很多建筑作品传播依然停留在建筑案例型媒体与知识型媒体传播，与非专业大众之间的对话是较少且浅层的。《梦想改造家》《丹行道》《心动的offer》等电视节目的播出，让建筑师逐渐走入大众视野，但这样的对话机会是非常有限的。建筑学学术素养与专业技能的高门槛某种程度上拒绝了公众参与和认同。建筑师群体自说自话，长期专注于圈内的与美学构建[2]。但建筑具有物质功能之上的社会属性，使得建筑传播不应只困囿于专业圈层，而必须走向社会。既要向内激发，推进建筑实践与理论的高质交流，维系专业圈层特有属性，又要与普遍性的建筑学和社会文化话语搭接，回应当代与本土特定文化语境中的建筑议题，凸显公共性[23]。因此建立建筑与大众的有效对话机制与对话语境，让建筑能够在大众中高效传播是非常必要的。

四、结束语

综上所述，媒体生态搭建对于当下媒体融合环境下的建筑传播至关重要。要顺应媒体的内在传播逻辑及特性搭建语境恰当的内容框架；利用各类平台的传播特质及使用场景搭建恰当的时空框架；了解媒体品牌的运营逻辑及矩阵结构搭建恰当的受众框架，最终实现建筑多义性、持续性、针对性的传播。

当然，笔者在这里探讨的媒体生态搭建更多是在探讨媒介技术形态、场景、文化等维度的融合。当下人工智能技术的发展，媒介融合早已溢出传统传播意义上的边界。人工智能的崛起加速了技术和人的融合进程，将出现"赛博人"这一终极媒介[24]，同样也会加剧技术与建筑的融合，技术以更深、更广、更即时地方式嵌入建筑当中，最终成为"赛博建筑"。媒体融合将不仅仅从媒介本身理解，而是进入了重造主体的阶段。

参考文献

[1] 周榕,周南."典范"是如何炼成的:从《建筑学报》与《时代建筑》封面图像看中国当代"媒体—建筑"生态[J].时代建筑,2014(6):22-27.

[2] 李卓.网红建筑的类型定义与破圈策略初探[J].住区,2021(2):150-158.

[3] AC编辑部.如何让人们看到无处不在的建筑?|最新刊《建筑传播:被动、主动与互动》.[EB/OL].(2019-08-08).https://mp.weixin.qq.com/s/nGKmqmPmLSeMdBdEeC4RGw.

[4] 新周刊.住得好一点,从保障性住房开始[EB/OL].(2021-09-16)[2023-12-07].https://mp.weixin.qq.com/s/mfs9NVDLw0JEBO1s0XMyww.

[5] W*.马岩松:设计社会住宅也要继续"另类"[EB/OL].(2021-10-11)[2023-12-07].https://mp.weixin.qq.com/s/l8V57YcOUPgyy99orNKeLQ.

[6] W*.圆桌|马岩松与唐克扬:没有标准答案的对话[EB/OL].(2021-10-11)[2023-12-07].https://mp.weixin.qq.com/s/w1bABWjsJfFduphTKfD6Hw.

[7] MAD建筑事务所.新住宅——MAD公布首个建成公租房项目[EB/OL].(2021-10-22)[2023-12-07].https://mp.weixin.qq.com/s/2a0137QE55ubnEYzFcKdZw.

[8] ADCNews.MAD新作:北京百子湾公租房[EB/OL].(2021-10-23)[2023-12-07].https://mp.weixin.qq.com/s/lwE8UdZF4hL8Et4OPjTIsA.

[9] gooood.MAD打造"中国最美公租房":让立体社区融入城市[EB/OL].(2021-10-25)[2023-12-07].https://mp.weixin.qq.com/s/87Ocx3UQOQ30_9hGf04GDw.

[10] 唐克扬.先锋建筑师的社会住房憧憬MAD北京百子湾公租房项目评述[J].时代建筑,2022(1):128-135.

[11] 百子湾公租房(燕保·百湾家园)[J].建筑学报,2022(6):32-39.

[12] 崔愷,陈一峰,刘东卫,等.体面居住:百子湾公租房项目研讨会[J].建筑学报,2022(6):44-51.

[13] MAD建筑事务所.公众投票|MAD两项目入围AZ AWARDS全球年度最佳建筑奖名单.[EB/OL].(2021-10-25)[2023-12-07].https://mp.weixin.qq.com/s/5Xo0OO1SOX-hL5wLe2bk_Q.

[14] 毛伟.从融媒体到智媒体:传统媒体的转型发展探索[J].青年记者,2023(5):64-66.

[15] 朱涛.新集体论刘家琨的成都西村大院[J].时代建筑,2016(2):86-97.

[16] 丘濂.西村大院,成都的"反向地标"[EB/OL].(2021-06-05)[2023-12-07].https://mp.weixin.qq.com/s/Np8ffiredLID1GLmenPbuw.

[17] 艾瑞.融合时代下,你有哪些需要学习的数字营销策略?[J/OL].(2018-04-01)[2023-12-07].https://mp.weixin.qq.com/s/WLXIVsd2r-iECoO7IfnXjw.

[18] 张伟.智库型媒体是社科类学术期刊的发展方向[J].科技与出版,2018(5):20-25.

[19] 范文兵.互联网时代中国建筑媒体的四种现象[J].时代建筑,2019(2):41-47.

[20] 权玺.生态化协同治理:媒体深度融合发展的逻辑取向与创新应变[J].编辑之友,2021(10):43-48.

[21] 王军,李珍珍.全媒体时代文化生活类周刊的融媒转型策略探析:以《三联生活周刊》为例[J].新媒体研究,2020,6(14):94-96.

[22] 三联中读.首发|《人的城市》:我们每个人的城市故事[EB/OL].(2022-10-01)[2023-12-07].https://mp.weixin.qq.com/s/WKdSOy4ZMZBJV8ME-U75dA.

[23] 李凌燕,支文军.建筑媒体对于中国当代建筑批评公共性拓展的意义与作用[J].建筑学报,2020(11):24-30.

[24] 孙玮.赛博人:后人类时代的媒介融合[J].新闻记者,2018(6):4-11.

Research on the Communication Methods and Strategies of Architectural Works

Abstract: With the advent of the Internet era, the transmission mode of architectural works has produced a leapfrog mutation, which is particularly prominent in its communication medium, communication scene and communication content. At present, the dissemination of architectural works is no longer limited to a single type of media. This paper takes MAD's Baiziwan Social Housing as an example, and restores its communication process in three common architectural media: architectural case media, architectural knowledge media and architectural content media. It can be seen that extensive architectural communication is inseparable from the construction of media ecology. The foundation of building a media ecology lies in conforming to the internal communication logic and characteristics of the media and building a content framework with appropriate context, using the communication characteristics and usage scenarios of various platforms to build an appropriate temporal and spatial framework, understanding the operating logic and matrix structure of the media brand and building the appropriate audience framework, only in this way can we truly achieve architectural ambiguity, continuity and targeted communication.

Key Words: Architectural works, Architectural media, Communication logic, Media ecology

推荐书单

推荐书单

栏目主持：张昱辰[1]
本期供稿：王一丁　陈佳莹[2]

1.《心碎之城：西雅图体育与未兑现的城市进步承诺》
Heartbreak City: Seattle Sports and the Unmet Promise of Urban Progress

肖恩·司各特（Shaun Scott）著
ISBN 9780295751993
华盛顿大学出版社（University of Washington Press）2023年11月出版

对城市而言，体育从来都不仅仅是娱乐。本书是对西雅图这座城市与体育之间互动史的一次深刻回溯。作者以西雅图170年的发展为背景，剖析了体育如何超越娱乐本身，成为美国各地的城市进步

1　张昱辰，同济大学艺术与传媒学院副教授。
2　王一丁、陈佳莹，同济大学艺术与传媒学院硕士研究生。

人士推进社会改革的催化剂，涵盖并助力解决种族平等、劳工权益、妇女与LGBTQ+、城市居民平等以及环境保护等城市生活中长期存在的问题。通过挖掘历史档案，对那些被深刻记忆或已被忘却事件进行回顾，作者向读者揭示了体育在促进西雅图社会团结与揭示深刻政治分歧中的双重角色，展现了一个美国城市如何在追求更伟大历史的路上的真实图景。

2.《活着的城市：为什么城市不需要绿色就能变得伟大》
The Living City: Why Cities Don't Need to Be Green to Be Great

德斯·菲茨杰拉德（Des Fitzgerald） 著
ISBN 9781541674509
基础读物出版社（Basic Books）2023年11月出版

本书是作者德斯·菲茨杰拉德从社会学角度出发展开对于"为什么'绿色城市'不能解决一切问题"的探讨，并由此敦促大众珍视城市生活的现状。无论走到哪里，城市似乎都在变得更加绿意盎然。人们现如今普遍认为：如果当今的城市生活有任何不健康或不好的问题，大自然就是治愈的良药。然而在书中，菲茨杰拉德质疑了"绿色城市"概念的普适性，认为绿化并非解决城市问题的万能钥匙。通过穿梭于世界各地，菲茨杰拉德参观了各处蓬勃发展的国际绿色城市运动。他与决策者、规划师、科学家和建筑师对话，深挖城市与自然结合背后的复杂渴求，提出了对当代城市多维价值的肯定：请赞美现代城市——它所有嘈杂的、建造的、人造的荣耀。

3.《古代世界的失落之城》
Lost Cities of the Ancient World

菲利普·马蒂塞克（Philip Matyszak） 著
ISBN 9780500025659
泰晤士哈德逊出版社（Thames & Hudson）2023年11月出版

雅典、卢克索和罗马的古城遗址是人们熟悉的世界历史基石，世界各地的旅行者都会前往参观。但那些从地图上消失的城市呢？那些被水淹没或被时间的风沙吞没的城市呢？它们在哪里？它们能告诉我们关于过去的什么？

在本书中，菲利普·马蒂塞克探索了这些"失落之城"所面临的考验、磨难和胜利，揭示了自1.2万年前人类首次定居以来，古代人类选择聚居的初衷和面临的挑战。从地中海沉没的帕夫洛佩特里城到土耳其德林库尤的深洞居所，书中通篇配有重要文物、遗址和地图插图，将欧洲、中东和其他地区被时间遗忘的遗址和聚落展现在读者面前。借由此，作者揭示了一个充满活力的民族和文化网络，也为城市传播学者深入了解城市形态演变提供了重要参考。

4.《从房间到城市：慕尼黑——城市性与复杂性》
From the Room to the City: Munich-Urbanity and Complexity

斯蒂芬·贝茨（Stephen Bates），布鲁诺·克鲁克（Bruno Krucker）主编
ISBN 9783038602880
帕克图书出版社（PARK BOOKS）2023年5月出版

  这本书是德国的慕尼黑工业大学（TUM）两位教授——斯蒂芬·贝茨和布鲁诺·克鲁克——教研室十年联合教学的成果。本书以慕尼黑为例，通过梳理该城市的历史、现实，对欧洲城市结构进行了深入调研，并对城市空间、景观、建筑等议题进行了全面地探讨。虽然这是一项调研成果，但作者创造性地运用了众多照片、剖图纸、模型等方式来呈现数据，使得内容既翔实又有趣。同时，新近建成的建筑仍在不断改变着慕尼黑的街道特征，而那些未完工和尚未规划的建筑同样也是城市不可或缺的一部分，城市中的建筑景观新旧交替与互动别有一番风味。

5.《拆除与重构的建筑：丹麦福利空间》
Architectures of Dismantling and Restructuring: Spaces of Danish Welfare, 1970-Present

基尔思滕·玛丽·拉豪格（Kirsten Marie Raahauge）
等 编
978-3-03778-691-8
拉斯·缪勒出版社（Lars Muller Publishers）2022年9月出版

　　本书从建筑学、艺术史和人类学等跨学科角度探讨了建筑在公民福利和日常生活中的角色以及一系列迫切的问题。以丹麦为例，作者研究了自20世纪70年代初（所谓的"福利国家的黄金时代"）与至今的福利制度之间发生的空间性转变——这些空间变化对公民的日常生活和福利体验产生了怎样的影响？当长期存在的机构被改组、拆除或转移时会发生什么？福利制度在我们日常生活中所扮演的角色出现变化时，新的福利空间如何呈现出这种转变？全书以清晰、细致的视角，审视了丹麦在新自由主义转向和其他重要的社会转型的影响下，社会福利和"美好生活"所投射出的空间变化。丰富的可视化分析图补充了该书对福利空间转变的描述。

6.《集体游乐：作为社会象征形式和设计文化的游乐场》

Playgrounding: The Playground as a Symbolic Form of Society and Design Culture

多米提拉·达迪（Domitilla Dardi） 著
ISBN 9791254930014
柯瑞尼出版社（Corraini Edizioni）2022年出版

  这本书是策展人、设计历史学家多米提拉·达迪针对游乐场这一主题的线上研究成果。全书以游乐场的"图像历史"开篇，概述了历史上各个艺术家、设计师、建筑师设计、建造的游乐场项目。一段又一段的故事背后隐含着对城市空间的定义、创造力、争论以及对童年文化的反思，一系列历史图像和创作也将我们从游乐场这一象征性空间形式引向社会关系的人类学核心。游乐场不仅是孩子们的乐园，更是城市空间的重要组成部分，反映了社会、文化和历史的变迁。作为一个独特的切入点，对游乐场的深入研究或许能够为未来的城市规划和设计提供有益的启示和借鉴。

实践动态

"互哺共育，城乡融合——2023'城乡传播'高端研讨会"暨中国人生科学学会城市文化与传播专业委员会成立大会成功召开

2023年12月22—23日，由同济大学艺术与传媒学院携手浙江省龙游县人民政府、上海风语筑文化科技股份有限公司主办的"互哺共育，城乡融合——2023'城乡传播'高端研讨会"暨中国人生科学学会城市文化与传播专业委员会成立大会在龙游县成功举办。龙游县委常委、宣传部部长李莉、龙游县人民政府副县长柴琼颖、龙游县文化和广电旅游体育局局长胡炜鹏、龙游县龙游灏建设管理中心副主任程先菊，中国人生科学学会党支部书记滕建乡，中国人生科学学会常务副秘书长王刚，同济大学艺术与传媒学院书记张艳丽、院长李麟学，以及来自清华大学、上海交通大学、复旦大学、同济大学、东南大学、中国传媒大学、苏州大学、浙江科技大学等30余位相关领域专家学者参与此次大会。会议围绕城乡融合趋势下数字化传播、城乡空间融合、城乡社会治理、乡村艺术介入、城乡互哺共育等议题，以龙游县为实践基底，凝聚学界与业界专家共识，为构建未来城乡融合发展与治理模式新路径贡献智慧力量。

12月22日，中国人生科学学会城市文化与传播专业委员会成立大会召开。该专委会由同济大学艺术与传媒学院牵头，联合清华大学国家形象传播研究中心、东南大学艺术学院、复旦大学艺术教育中心、

研讨会与会人员合影

华中科技大学新闻与信息传播学院、苏州大学传媒学院、上海交大—南加州大学文化创意产业学院文化创新发展研究中心、中国传媒大学城市传播研究中心、上海风语筑文化科技股份有限公司、上海小邻通实业有限公司等10家单位共同发起。

本次会议公布了城市文化与传播专业委员会第一届会员单位、顾问与专家名单。在中国人生科学学会的监督下，大会投票选举产生了中国人生科学学会城市文化与传播专业委员会第一届理事会。

同济大学艺术与传媒学院院长李麟学教授当选理事长，清华大学国家形象传播研究中心主任范红教授、东南大学艺术学院院长龙迪勇教授、上海风语筑文化科技股份有限公司创始人兼董事长李晖、上海小邻通实业有限公司董事长江志华等四位当选副理事长，同济大学艺术与传媒学院传播系副主任、城乡传播研究中心主任李凌燕副教授当选秘书长。

中国人生科学学会领导为第一届理事会成员颁发聘书，并一同为中国人生科学学会城市文化与传播专业委员会揭牌。

"互哺共育,城乡融合——2023'城乡传播'高端研讨会"暨中国人生科学学会城市文化与传播专业委员会成立大会成功召开

中国人生科学学会城市文化与传播专业委员会成立大会及第二次会员大会与会人员合影

中国人生科学学会城市文化与传播专业委员会成立大会及第二次会员大会

中国人生科学学会城市文化与传播专业委员会成立大会及第二次会员大会

中国人生科学学会领导向城市文化与传播专业委员会授牌

当晚，中国人生科学学会城市文化与传播专业委员会举行了第二次会员大会，中国人生科学学会城市文化与传播专业委员会秘书长李凌燕副教授担任主持人并公布了专委会理事名单。

随后，大会投票选举同济大学艺术与传媒学院音乐与表演系副教授朱洋为常务副秘书长，清华大学国家形象传播研究中心新媒体传播研究室主任慕玲为副秘书长。中国人生科学学会城市文化与传播专业委员会理事长李麟学教授为常务副秘书长与副秘书长颁发证书。

中国人生科学学会领导为第一届理事会成员颁发聘书

至此，中国人生科学学会城市文化与传播专业委员会正式成立。

课程作业

"受众心理与文化创意"课程作业

专栏供稿：罗海奕[1]

一、"受众心理与文化创意"课程导言

"受众心理与文化创意"作为同济大学艺术与传媒学院"城市传播"本研一体化课程群的本科大二起步课程，多年来持续引入上海城市空间调研与视频创作环节，希望教学能打通课堂内外，将思考与训练延伸至上海的真实城市空间中，并达成以下三个目标。

（1）城市空间的感知与体验。要求课程小组成员深度调研一个上海创意城市空间，实现对上海城市空间的真实感知与体验，在行走中体味城市特质。

（2）人文触角下的空间审视。与空间学科对于物理空间的关注不同，作为普通受众与新闻专业学生，如何以自身的不同视角与观察、去理解与表达空间性格、寻找空间中的温度与故事，是课程的重点。

（3）问题探寻与理念表达。相比视频本身表达技巧的成熟度，课程更为注重在镜头视觉背后的问题探寻与理念表达，着重于培养视觉表达背后的问题探寻思维。

---

[1] 罗海奕：同济大学艺术与传媒学院2021级广播电视学专业。

作为17周完整教学课时的课外辅助环节，虽设置了期中理念修改与期末作业集中点评，学生创作时间还是略显仓促。大二学生专业知识尚未完备，且技巧上的稚嫩较为明显，问题的发现与梳理也受制于对上海城市的理解有限显得深入度不足，但对于他们开启在这座城市和大学的成长，仍有益处。

二、学生作品

作业1：BOOCUP浣熊唱片店——唱片爱好者的桃花源

1. 作品介绍

BOOCUP浣熊唱片店店面

2022年秋季学期，2021级广播电视学专业学生罗海奕、唐莞然、冯心怡，经济与管理学院2020级数理金融专业学生杜骏以及来自我国台湾地区的世新大学新闻传播学院2020级口语传播暨社群媒体学系的交换生卢佳怡在"受众心理与文化创意"课程中选择探索上海市内的唱片文化空间，了解唱片这一看似已经消亡的音乐文化载体的现况与发展。

课程小组成员走访上海的唱片店，其记录保持着纯粹质朴，更多关注于音乐的传承与交流，并在这些空间中感受情怀与现实之间的矛盾，探究更多背后的故事。

2. 课程过程

小组成员通过线上网络查找与线下考察两种模式，对上海市内的唱片店进行摸排，相关记录对线上网络查找的成果有所展示。其调研安排（主要调研对象）如下：

（1）幸福集荟：徐汇区复兴中路1331号，1/7号线常熟路站、10号线上海图书馆站。

（2）BOOCUP浣熊唱片店：徐汇区岳阳路28号，1/7号线常熟路站、10号线上海图书馆站。

（3）HiFiACOUSTIC：杨浦区伟德路80号，10号线江湾体育场站。

（4）Black Note 黑胶唱片爵士酒馆：静安区昌化路46号二楼，13号线自然博物馆站、1/12/13汉中路站。

（5）Modernsky Lab：虹口区瑞虹路188号，4号线临平路站、10号线邮电新村站。

（6）声音小镇Sound Town：黄浦区南京东路829号，1/2/8号线人民广场站。

（7）UpTown：长宁区平武路115号地下室，10号线交通大学站。

小组成员利用国庆假期，前往这些看似与唱片文化有关的地点进行初步考察，并得到以下考察结果：

（1）幸福集荟：不接受采访，但内部的胶集·胶声入画接受采访。

位于上海市徐汇区复兴中路黑石公寓幸福集荟内的胶集·胶声入画

（2）BOOCUP浣熊唱片店：可继续推进；

（3）HiFiACOUSTIC、Black Note黑胶唱片爵士酒馆：不在选题范围内；

（4）Modernsky Lab、声音小镇Sound Town、UpTown：未营业或暂停营业。

确定胶集·胶声入画、BOOCUP浣熊唱片店切合唱片文化与文化创意空间的选题并可继续推进的后，小组成员开始对后续的采访与拍摄进行准备，包括采访结构设计、作品画面设计、进一步与两个文化空间的主理人进行交流协商。

在对以唱片为特点的文化创意空间的进一步挖掘上，小组成员结合考察感受展开了进一步讨论。

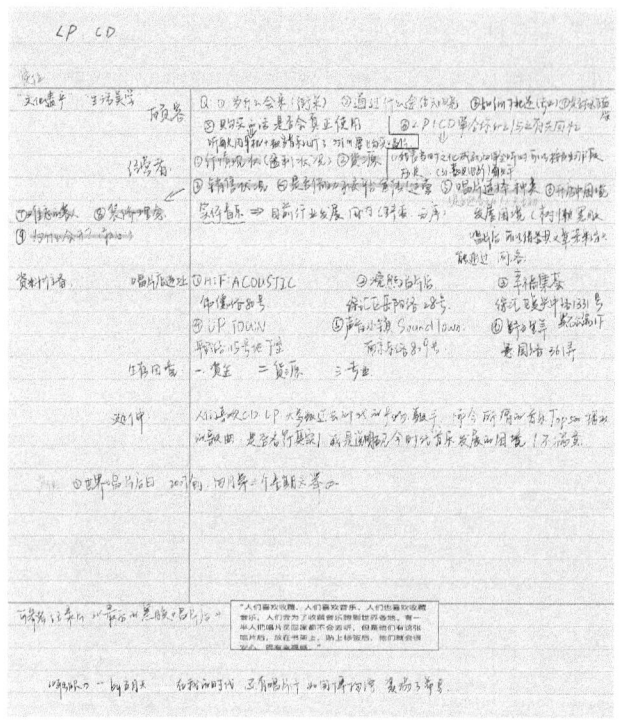

小组成员的讨论纪要

3. 实地采访

小组成员针对两个文化空间以及与文化空间有交集的不同年龄群体的客人分别设计了采访提纲。

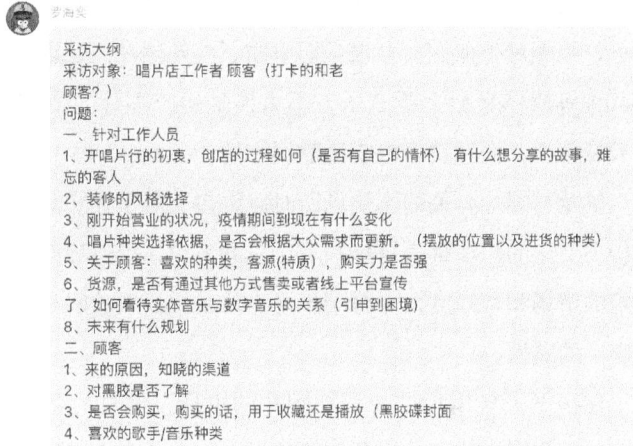

采访大纲简略版

在完成前期准备后，小组成员在采访阶段首先就遇上了约定好采访安排的胶集·胶声入画的主理人的临时改变计划。从而，小组成员只能临时决定，放弃原本定于中午完成的胶集·胶声入画的采访与拍摄，提早开展原本定于傍晚开展的街头采访。

在街头采访中，小组采访到了各类人群，包括年轻白领、音乐学院退休教授、外国友人等，各类人群对音乐消费及唱片文化提出了自己的想法。年轻人更倾向流行音乐和手机音乐软件，如QQ音乐。他们对于黑胶唱片并不熟悉，

与浣熊唱片店联名的BOOCUP

甚至觉得这是一种复古、遥远的事物。上了年纪的长辈曾经使用过唱片，但在当下，唱片对于他们而言也是旧事物了。外国友人也通常在手机上或电脑上的Spotify等媒体平台上听音乐，不太接触黑胶唱片。他们认为黑胶唱片可能占用大量空间，而且现在电脑听歌很方便。

谈及与唱片有关的文化场所时，许多人对于在文化空间里听黑胶唱片并学习相关文化的想法都表示感兴趣。总的来说，虽然黑胶唱片在一些群体中仍有一定的市场和认知度，但对于年轻一代来说，黑胶唱片已基本丧失了其作为音乐媒介的属性。

在接下来与BOOCUP浣熊唱片的主理人鱼总的交流采访中，小组成员从唱片文化空间运营者的视角继续感受唱片文化在上海的发展。

鱼总在介绍BOOCUP浣熊唱片店时，首先解释了店铺名称"BOOCUP浣熊唱片店"的含义，即与BOOCUP联营的门店。接着，他提到了店铺内有一面唱片的展示墙，展示了热门的和经典的品种，其中的图书大部分与音乐相关，同时也有部分与设计和艺术类、影视类相关。在介绍唱片部分时，他强调黑胶唱片与CD是主要经营品种，尤其受到周边学生和年纪稍大的客人的喜爱。然后，他详细描述了黑胶区域的不同类型分区，包括流行乐、欧美流行乐、欧美摇滚乐、古典乐、嘻哈和电子等分类。他特别提到了一些较厚的套装陈列在上方。

顾客寻找着自己心仪的黑胶唱片

鱼总在分享创业故事与理念时提到了其在开设第一家实体店时所面临的挑战和市场的空白。他提到，由于黑胶唱片在许多人的印象中只是作为装饰品，而不是能播放音乐的真实唱片，因此市场上的认知度非常低。这表明在真实市场中，黑胶唱片的空白非常大，许多人从未接触过，也不相信会有真实可用的黑胶唱片。为了填补这一空白，鱼总强调了普及工作的重要性。他认为，目前他们的工作主要是为了教育市场和普及黑胶唱片的知识，让更多人了解和接受这一音乐形式。他表示，无论是做成网红打卡点还是通过其他方式，只要能够让店铺生存下来并继续普及黑胶文化，都是可行的。

BOOCUP浣熊唱片店里正在播放音乐的唱片机

BOOCUP浣熊唱片店能在当今音乐市场中屹立不倒，在于鱼总对唱片作为音乐载体之外的功能的认识与发展。他认识到，尽管黑胶唱片作为音乐媒介的功能逐渐减弱，但其作为礼物的价值却在提升。黑胶唱片因其大小和作为精神价值的存在，成为人们赠送的理想选择。鱼总及时捕捉到这一特点，并针对特定节日如圣诞节推出特制的黑胶礼盒，提供精美的包装和配送方案，确保礼物完好无损地送达收礼人手中。

2022年，由于新冠疫情的不利影响，许多行业尤其是文化产业遭受了巨大的冲击。对于BOOCUP浣熊唱片店而言，新冠疫情最严重的时候几乎面临

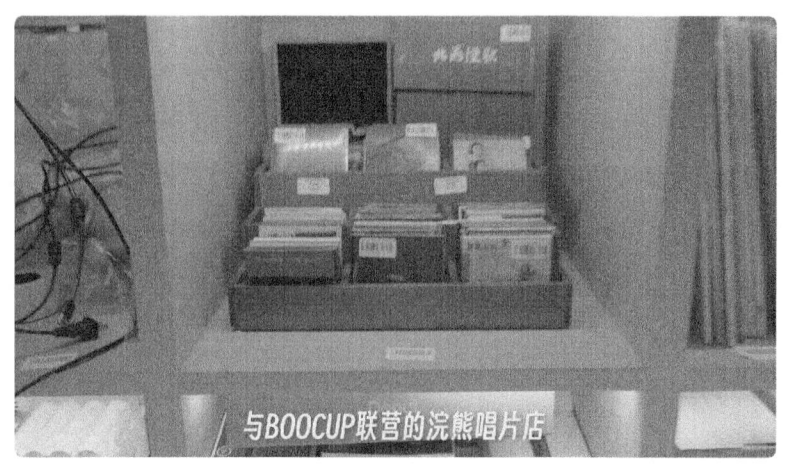

店内精致的唱片陈设

生死存亡的危机。在唱片店面临困境之际，鱼总巧妙地将黑胶唱片与盲盒概念结合，设定了几档价格，推出了自救盲盒系列。这一创新的销售方式不仅为唱片店带来了现金流，还激发了消费者的购买兴趣，帮助唱片店渡过了难关。

唱片店内各式各样的黑胶唱片

同样是在最为艰难的时候，BOOCUP浣熊唱片店也收获了许多心系唱片店，心系唱片文化的消费者的关心。鱼总分享到，疫情后唱片店打算恢复门店的营业时，有一位客人，一位未曾谋面的网友，在浣熊唱片微信留言，询问门店开了吗？鱼总说，今天打扫一下明天正式开。然后她就回了一句话，说，真开心这家店活下来了！鱼总说，他一个快50岁的人看到这句话后就跑到厕所哭了一阵，感到特别感动，觉得虽然是很困难，但是有很多的喜欢音乐的人喜欢浣熊唱片的人愿意帮助他们。

鱼总通过售卖唱片盲盒度过了最为艰难的时期

尝有所思，斯世如磐；孰料浮世事，留驻难。时间不会因个人意志而停下脚步，却总有人会依依不舍。回头凝视着那些沉浮于时光中的旧事物，唱片店对于真正热爱唱片的人而言或许是让他们心驰神往的桃花源，而像鱼总这样坚持着这份事业的人，就是这片桃花源的守望者与维系者。

与BOOCUP联营的浣熊唱片店为人们提供了一个接触唱片的文化场所。小组成员也在这次的项目中有所收获。

4. 课程感悟

非常感谢这堂课让我对唱片有了新的更深刻的认识，和小组成员的一起出行也让彼此的情意更加深厚，也让我明白学知识不仅仅局限在课堂上更是在课外的探索和与人的沟通交流中。

在完成本次的课题后，也有许多的感慨。人们喜欢收藏，也喜欢音乐，也喜欢收藏音乐，他们会为此跑到世界各地，也许有一半人都不会真正听，但是他们拥有这张唱片，放在书架上，贴上标签，他们就会很安心，很有幸福感。我想对于每个珍藏黑胶的人来说，其收藏价值不只是珍藏刻录的版本独特，而是珍藏的每一个与黑胶的故事，以及它所带来的时光和感触，那段珍贵的回忆。

每个人对于黑胶的看法不同，对其赋予的意义也不同，不论在摩挲纹路时感到的新奇与岁月的痕迹，还是聆听时回忆起旧时光，抑或是仅仅摆放在那里时的满足感，这都是幸福，这都是唱片所能带给我们的生活美学。我想，如五月天在《转眼》里唱到："在我的时代，还有唱片行，如同博物馆，装满了希望。"一样，唱片行永远承载着希望与活力。

——唐莞然　同济大学艺术与传媒学院2021级广播电视学

经过了这一次的课堂，我最有体悟的部分是要如何将一个采访变得精彩，因为如果只是单纯将冗长的采访片剪辑后制，那么成果就会相对无聊，且观众也难以抓到重点。而要让影片变得精彩的话，势必要加入我们自己的想法，而这一部分也是我觉得最难的，不过所幸我们找到了方法。不论是实际采访之前或后期制作，都要明确抓住核心的问题或者要素，且也要用有趣一点的方式来呈现影片，譬如采访路人，在陌生人的回答中，我们也能有更多新鲜的观点。

这次的小组作业我收获很多，不论与组员之间的沟通还是如何更好地呈现作品，我都有所感悟，也谢谢组员们，在每个人身上我都看见值得学习的地方。

——卢佳怡　世新大学新闻传播学院交换生

作为这学期班级里唯一一位跨专业选课的同学，我很庆幸当时在令人眼花缭乱的选课列表中选择了"受众心理与文化创意"这门课，因为这一学期带给我的收获远远大于我选课时的预期。

在完成小组作业的过程中，我和其他小组成员探访了位于衡复风貌区内的"BOOCUP浣熊唱片店",并结识了老板"鱼总"。在与鱼总的交流中,我们感受到鱼总不但有作为音乐人的坚守,更有作为商人的嗅觉。一方面,鱼总作为音乐人在音乐行业日渐式微的当下还一直坚守在自己热爱的领域不曾动摇,尽管一路上充斥着家人的不理解和疫情不利影响的考验;另一方面,鱼总的唱片店之所以能够屹立不倒,是因为他以其敏锐的商业嗅觉洞察了当今时代音乐消费者的心理,并以此为参考推出了各种文化创意产品,例如唱片盲盒、圣诞礼盒等。

这次难忘的采访不仅让我了解到音乐行业的受众心理和文化创意,更让我体会到在我平时不曾注意到的角落有无数的爱好者在不断坚守。为此,我要再次感谢"受众心理与文化创意"这门课的老师。

——杜骏 同济大学经济与管理学院2020级数理金融

课程小组成员与浣熊唱片店主理人鱼总合照

作业2:旧书店——装得下爱书之人的梦想

1. 作品介绍

2021年秋季学期,2020级广播电视学专业学生在"受众心理与文化创意"

课程中选择走访上海几家标志性二手旧书店,记录保持纯粹质朴、关注书籍与阅读本质的书店最初的模样,探寻情怀与现实之间二手书店的生存矛盾,与坚守内心的爱书之人背后的情怀故事。

媒介社会语境下,超级文本与电子书泛滥、实体书店纷纷被网红、创意加持。二手书店,这一保持传统阅读与时间消费模式的空间,正经历着眼球经济与技术文化洗劫下的深度纠结和左右为难。这些经过时间沉淀,在认识、价值的坚守与时代、生活和个人的涟漪、纠缠和左右为难中生存的"读书人"的空间,成为解读城市与当代城市人文化碰撞图景的另一个有趣视角。

旧书店——装得下爱书之人的梦想

2. 实地采访

不知从什么时候起,许多网红书店成为了城市的热门景点,吸引无数顾客纷至沓来。在这个生活节奏日益加快的时代里,你是否还记得小时候捧一本纸质书的如痴如醉?当我们回到这里,你是否怀念起曾经的梦想?

(1)名著书屋

在小组成员联系名著书店准备前去拍摄时,店主爷爷却表示不愿意书店被拍摄,正当成员们一筹莫展时,第二天他却主动来电话表示愿意接受拍摄。只要不太耽误营业,"多带几个人买几本书就更好啦"。

爷爷说,现在开书店还是比较难的。首先对书肯定要熟悉,这是最起码的。其次还要坚持坚守,三天打鱼两天晒网就不行了。书店有一点跟其他的地

名著书屋

儿完全不一样,就是一年365天要天天看。

(2)复旦旧书店

复旦旧书店的店主夫妇对于课程作业的拍摄十分支持,但不知是否是周末的原因,店里人来人往,店主夫妇生意繁忙,为了不影响店里的正常营业小组成员选择了等待。到了傍晚人终于少了点,时间所剩不多,万幸的是老板娘表示愿意接受采访,拍摄任务才得以完成。

这间书店入口很不起眼,门口的招牌很小,不细心观察的人不小心就会走

复旦旧书屋处处堆满旧书

过。走进拐角的小门，映入眼帘的除了书还是书，让人仿佛扑通一下掉进了书里。

一位复旦老教授说，现在三年以前的书在新华书店已经不太能找到了，而对于好书来说，它的价值是长久的、永恒的。在旧书店里读书是一种可遇不可求，你可能会突然对一本书产生兴趣，然后买回它。书店老板说，自己的努力只为开一家只卖书的书店。

尽管老板非常希望书店能够继续生存下去，但面对区域规划，只能在万般不舍下关掉旧书店。旧的玻璃窗，带着淡淡泥土香。在关店的前两天，旧书店前车水马龙，老板不止一次在朋友圈感谢大家的到来，也感谢这22年的陪伴。在2021年的12月10日，复旦旧书店正式关张[1]。

（3）犀牛书屋

苏州河沿岸是上海最初的发展中心，承载了这座城市的诸多历史与记忆。从四行仓库沿着北苏州河一路而上，便能得见犀牛书店。四扇黑框玻璃门和工业风设计，招牌也是黑底白字，中英文店名左边有犀牛的图案，简约又不简单。

犀牛是这家店的名字，也是他的图腾，在店里随处可见犀牛相关的元素。

犀牛书屋

---

[1] 编者注：历经多月的协商、选址、搬运和装修，2022年8月6日，复旦旧书店于伟德路88号重新正式开业。

心有灵犀一点通，选购二手书的过程何尝又不是一种心领神会的默契呢？店不大，处处透着古着气息。进门左侧，古风古意的书架上陈列着各类旧书作物，右侧则沿墙竖起开放式书架，上面是文学、历史、哲学、艺术等分门别类摆放的二手书籍。

傍晚，当小组成员们赶到犀牛书店时，城市的灯火已将江水染上微光，犀牛书店则依旧安静地立于江边。虽然提前联系过店主，店主表示可以拍摄但委婉拒绝了小组成员的采访要求。

（4）远方书屋

远方书屋的店主是个很有个性的姐姐，在沟通时她要求先看看采访大纲，并且表示要小组成员们在采访前需先去店里做几天义工。她表示只有真正了解了她，她才能接受采访。

店主聊了选书卖书的心得。她说：

> 有时候有人可能为了跟风或者为了去蹭某个热点，去卖一些所谓的畅销书的时候，我说怎么看人家一卖就十几二十本，我怎么卖不动？对，因为我不认可，我觉得对我来说，我的书店卖出去的书，首先是我得认

远方书屋

可。大数据是靠数据去决定采购，但小书店完全就是靠你自己。一开始你店里没有客人的时候，那可能就是以你的喜好决定的。

上海以前有个庙，那里卖的书有很多是老人的收藏，（因为）没有人愿意去继承这些东西。我们书店的另外一个业务就是收书。买旧书的人一部分是上了年纪的，可能是我们父辈这个年龄层的人，他们有些早年喜欢文学，但也许是为了现实考虑，他们并没有选择相关的专业去学习，所以现在想要买这些书作为一种纪念。那另外一批买旧书的，反而是年轻人，他没有见过这样的书。

3. 课程感悟

在完成"受众心理与文化创意"这门课程后，我们深感其对于理解当今社会文化现象的重要性。在这门课程上，我们不仅学习了受众心理的理论知识，更通过实地走访调研，亲身体验了文化创意的魅力。

在走访多家旧书店的过程中，我们深入了解了书店的经营模式、顾客群体以及文化氛围。每一家旧书店都有其动人的故事和独特的魅力，它们不仅仅是售卖书籍的地方，更是文化的聚集地。在与店主的交流中，我们感受到了他们对文化的热爱和对生活的态度。他们将阅读与生活紧密结合，为顾客创造了一个温馨的文化空间。

这门课程让我们认识到，受众心理是文化创意的核心。只有深入了解受众的心理需求和情感体验，才能创造出真正有价值的文化产品。同时，文化创意也不仅仅是一种商业行为，更是一种对传统与现代的传承和发扬。

这门课程让我们更加深刻地认识到受众心理和文化创意的重要性。在未来，我们将更加注重从受众的角度出发，思考如何创造出更符合人们心理需求的文化产品。同时，我们也将更加珍惜传统文化的价值，努力将其与现代文化相结合，为人们创造更加丰富多彩的文化体验。

——课程小组全体成员

课程小组成员合照

作业3：流动创意市集——漂流在城市中的文化方舟

1. 作品介绍

2021年秋季学期，2020级广播电视学专业学生李效闻、刘雪婷、李晋欧、鲁纪川、陈沈宇在"受众心理与文化创意"课程中选择聚焦上海的代表性流动创意市集，采访接触了大量小众文化群体和形色的游客，也了解了许多摊主从事文创行业的经历及主办方运营市集的机制。可以说是从微观个体层面勾勒探寻了这一特殊空间类型对于城市文化与创意族群的重要意义。

"流动创意市集"是指在特定文化场所举办的，由创意社群和城市居民共同参与的，以摊贩为主要活动形式，以创意元素为主要特征的交易、展演、交流和体验平台。

与固定的富有网红特性的文化创意空间不同，"流动创意市集"在繁华的商业区抑或静谧的小巷里生根发芽，聚集着热气腾腾的灵魂、新鲜动人的创意，看似野生粗糙但充满生机，成为都市繁华中靓丽的"快闪式"风景。"流动创意市集"表达着对于消费时代同质化审美的抵抗，孕育出都市中属于年轻新生态自主选择的同温层移动社区，亦是滋养社区温度重建"附近"意义的亚文化方舟。

上海创意市集即景

2. 实地采访

流动创意市集作为一种新型的商业形式，重新激活了传统市集，以创意元素和文化特色为卖点，为城市注入了新活力。在南京路和1933老厂房邂逅的"玩物丧志集"和"银岩复古市集"，展示了流动创意市集的魅力和独特之处。流动创意市集通过空间布局、符号传播和面对面的互动，建构了独特的仪式感体验，以图像、文字和音乐等形式传递文化信息。而且，流动创意市集的场所选择和格局布置也呈现出不同的气质，给游客带来意想不到的新鲜感。流动创

上海创意市集即景

意市集作为一种公共文化空间,强化了公共空间的人性化特征,成为城市文化创意的一种新形式。

上海这座大都市最不缺的就是商业氛围。在南京路步行街、徐家汇、五角场,你可以买到大部分的日常商品,但千篇一律的现代化商场难免会让人感到疲倦。市集作为最古老最普遍的商品交易场所,曾经在世界各地的城市与乡镇居民日常生活中扮演着重要的角色。然而,随着现代化的快速推进,原本聚集在城市中心的传统市集变得原始、过时、不合时宜,并逐渐消失。在城市不断发展的过程中,文化创意赋予了城市巨大的活力,也创造了新的文化形态,流动市集便是其中之一。于是,古老的市集被创意赋予了新生命以崭新的面貌,重新回到人们的视野中。

2021年10月,课程小组成员在南京西路和1933老厂房邂逅了"玩物丧志集"和"银岩复古市集",关于流动创意市集和城市文化空间的探索之旅就此开启。走进流动创意市集,仿佛经历了一次爱丽丝掉进兔子洞的奇遇,这里有音乐、有灯光,汇聚了令人爱不释手的手工艺品和个性鲜明的小众文化产品,人来人往,一场盛大的文化派对就此拉开帷幕。文创产品是流动创意市集中最为重要的媒介,它们既是商品又是作品,凝结着创作者的手艺理念和情感,沟通了受众与摊主、与创意文化的联系。

在一家展示许多文化物件的小摊上,摊主向小组成员介绍了她的店是以美

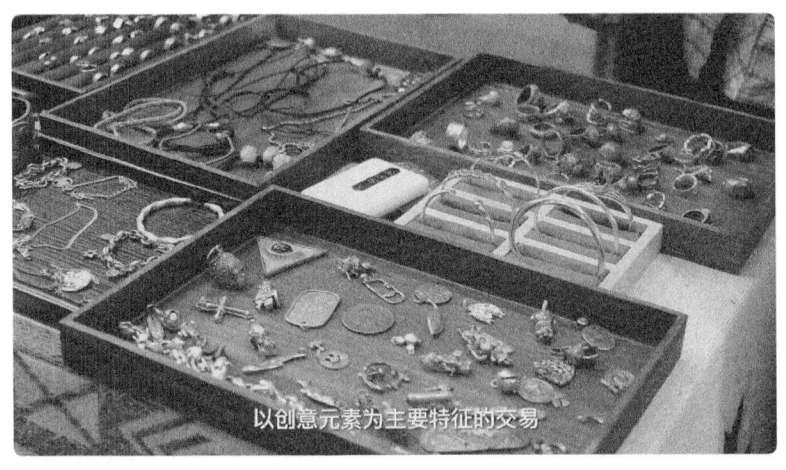

创意集市上贩售的商品

式复古作为主要呈现风格，因此选择年份在100到120年左右的一些不算太旧的，入门级的消费者能接受的一些产品。

在这场文化派对中，无论是年轻人还是年龄大的人，都能找到属于自己的时尚密码。流动创意市集作为一种强调身临其境的文化实践，通过空间布局、符号传播和面对面的人际互动，建构了独具创意和文化特色的仪式感体验。图像、文字和音乐是市集中文化传播最直观的表达，这些视听符号构成了视觉空间中的直观意义。

此外，不同主题的流动市集在空间选择和格局布置上有着不同的调性。比如说本次调研的城市市集所在地是一个老厂房。有的大的摊位是特展，体现在横幅的区别上。橙色的是普通展位，红色的是特展。不同于静态的文化创意空间，流动创意市集没有固定的时间和地点，它像一叶随波漂流的文化方舟，把多元的文化种子播撒到城市的各个角落，强化了公共空间的人性化特征，带给游客一种不期而遇的新鲜感。

流动创意市集通过镶嵌创新利用城市的公共空间，既沿袭和继承了原有空间的文化属性，又塑造出崭新的城市文化景观，滋养城市创意文化的发展，也影响着城市的文化性格。市集作为一种生活方式，缔结了人际关系，建立起充满人情味的城市公共文化空间。流动市集的发展依托城市原有的公共空间，并且在城市各个角落不断扩张，旨在让更多人了解和接触复古文化。

流动创意集市独特的文化氛围

在采访中,一位来自同济大学建筑与城市规划学院的学生向小组成员表达了他对构建城市文化空间的想法。他说:

> 城市的文化空间如果从物质角度来讲的话,它肯定是依托于建筑本身,市集所在之处,它本身就是一栋经过了更新的历史保护建筑,就是实体的空间。但是如果从社会学角度来讲,那么这个公共空间应该是依赖于特定的社群和受众,比如说上海有大量的复古物件的同好在此聚集,所以才能够支撑起在上海办这么大规模的复古物品集市。而在其他的一些城市,可能就不具备这样的条件,因此可以说这可能跟城市本身是有关系的。

如果一定要用一个词语概括的话,活力是很合适的。流动创意市集的产生与发展依托城市原有的公共空间,通过镶嵌创新,利用城市的公共空间,既沿袭和继承了原有空间的文化属性,又塑造出崭新的城市文化景观,滋养城市创意文化的发展,也影响着城市的文化性格。

流动创意市集为创意社群提供了自由平等的精神家园,参加市集他们可以了解文化、结识同行并提高知名度。对于城市居民而言,流动创意市集是充满梦幻惊喜的游戏乐园,提供了近距离交流的空间。流动创意市集的出现印证了

流动创意市集由创意社群和城市居民共同参与

城市公共空间的生命力和无限可能，是激发城市文化活力的催化剂。

3. 课程感悟

> 流动创意市集像是小说和电影里的折叠空间，主办方把它揣在口袋里，来到一个地方掏出来打开，它就自动镶嵌到这个城市空间里。在流动创意市集我一边玩一边采访，特别开心，接触了好多没见过的手工艺品和小众文化社群。这里是一个包容性很强的文化空间，接纳了多元的文化，让它们相互交融，和谐共生。一个建筑落成之后，需要人的介入才能最终实现它的生命力。流动创意市集就是这样一个契机，为它的举办场地注入活力，让原有的空间被重新利用。
>
> 非常感谢老师一直给予我们的鼓励和指导，让我们有信心和胆量，去探索流动创意市集这个主题。我们的小组合作也非常好，大家在这个组里都找到了发挥自己能力的位置，各司其职，相互分担，留下了并肩努力的回忆。如果有机会，我们希望还能和流动市集重逢。
>
> ——李效闻　同济大学艺术与传媒学院2020级广播电视学

> 在我们小组最开始选择流动创意市集作为课题时，我对自己是没什么信心的。一方面，我对流动创意市集这个概念一无所知，要从什么样的方面去挖掘它的深度和广度更是无从谈起；另一方面，我也不像我的组员那样拥有较为深厚的人文思想积淀或者具有突出的专业能力。而整个小组的调研又背负着极大的风险：调研的机会是不定期出现的，而出现了的机会也只会在短短几天的持续后消失。
>
> 但在整个调研过程中，我们小组全体成员集思广益，积极讨论，团队氛围紧张却不失愉快和谐。我也逐渐在小组的讨论和自己的感悟过程中，对流动市集有了自己独立的见解。在这次调研过程中，我尽力去做了我能做好的事：充分发挥了自己的"社牛"特性，抓住了许多采访机遇，在最终的文案中也对结构和内容提出了自己的想法。
>
> ——李晋欧　同济大学艺术与传媒学院2020级广播电视学

选择流动创意市集作为我们研究的主题，是一次冒险的决定，但也因此收获了与城市空间和创意文化亲密接触的机会。相比枯燥的静态空间，流动创意市集的生命力深深感染了我，也激发了我们创作的灵感。每一次市集都是一场盛大的文化派对，带给我们意想不到的惊喜。从选题、踩点到拍摄、制作，我们小组展现了完美的配合，也建立了深厚的友情。感谢老师一直鼓励我们走进城市去探索，并给予我们极大的支持力量。

——刘雪婷　同济大学艺术与传媒学院2020级广播电视学

此次课程让我们收获最大的就是走出课堂，去城市中探索不一样的空间。创意市集作为一种强调"身临其境"的文化实践，通过空间布局、符号传播和面对面的人际互动来建构独具创意和文化特色的仪式感体验。在整个过程中，每一次出行都是一场全新的体验，每一次进展都离不开老师的支持，每一次加工都是小组的通力合作……通过实践所习得的内容远比理论更有意义。

——鲁纪川　同济大学艺术与传媒学院2020级广播电视学

这次课程给了我非常大的惊喜。作为小组的摄像师和剪辑手，我在光影和律动中看到了这一场场名为流动创意市集的盛大聚会。我们走出了课堂，在运动的人群中记录静止的摊位，在动态的空间中寻找静态的规律。在整个过程中，我们在老师的指导、小组的合作下，克服了社恐、负重与时间的忙碌，收获了一场无比难忘的旅程。

——陈沈宇　同济大学艺术与传媒学院2020级广播电视学

课程小组成员合照

图书在版编目(CIP)数据

城乡传播.第1辑,城乡作为媒介/李麟学,李凌燕主编.—上海:同济大学出版社,2023.12
ISBN 978-7-5765-0939-7

Ⅰ.①城… Ⅱ.①李…②李… Ⅲ.①传播媒介-研究-中国 Ⅳ.①G219.2

中国国家版本馆CIP数据核字(2023)第193960号

城乡传播（第1辑）
城乡作为媒介

主　　编　李麟学　李凌燕
副 主 编　张昱辰　丁　凡
出 品 人　金英伟
责任编辑　熊磊丽
责任校对　徐春莲
封面设计　张　微

出版发行　同济大学出版社　www.tongjipress.com.cn
　　　　　（地址：上海市四平路1239号　邮编：200092　电话：021-65985622）
经　　销　全国各地新华书店、网络书店
排版制作　南京展望文化发展有限公司
印　　刷　江苏凤凰数码印务有限公司
开　　本　710mm×1000mm　1/16
印　　张　11.5
字　　数　181 000
版　　次　2023年12月第1版
印　　次　2023年12月第1次印刷
书　　号　ISBN 978-7-5765-0939-7
定　　价　58.00元

本书若有印装质量问题，请向本社发行部调换　　版权所有　侵权必究